아이디어는
대회의실에서
죽는다

아이디어는
대회의실에서
죽는다

**무거운
침묵을 깨는**

다양성의 힘

크록

남다른 제품을 만들어 내는 기업은
무엇이 다를까?
남다른 일을 이루어 내는 사람은
무엇이 다를까?
창의성은 다양성의 토양 위에서만 자란다
의도적으로 다양성을 추구하라

다음의 맹목적 장애물을
넘어서야 한다.
폐쇄성,
동질성
응집성
평등의 함정

contents

Part 1.

문을 걸어 잠그는 폐쇄성

Part 2.

'우리가 남이가'만 외치는 동질성

Part 3.

뭉쳐야 산다는 응집성

Part 4.

모두가 같아야 한다는 평등의 함정

Part 1____

문을
걸어
잠그는
폐쇄성

아무 생각 없이 하는
습관들이 문제다

사람은 매일 보고 매일 듣는 것으로부터 영향을 받는다.
나를 변화시키는 것은 주위의 사소한 것들이다.

과거, 학교에서는 매달 운동장에서 월례조회가 열리곤 했다.
학생들은 추우나 더우나 운동장에 일렬로 서서 열중쉬어
자세를 하고 있어야 했다. 연단에 선 교장선생님의 연설은
항상 길었다. 좋은 말씀만 하셨던 것 같은데 나는 그 내용이
하나도 기억 나지 않는다. 교장 선생님의 말씀이 나의 철학,
나의 행동, 나의 사고방식에 어떤 중대한 영향을 미친 것
같지도 않다. 왜 그럴까?

교장 선생님 말씀은 너무 관념적이기도 했지만, 조회라는
것이 어쩌다 치르는 하나의 행사에 불과했기 때문이다.
어쩌다 치르는 행사는 나에게 영향을 미치지 않았다.
어린 나에게 영향을 준 것은 매일 만나는 친구와의 대화,
그들과 함께한 놀이들, 매일 듣던 엄마의 잔소리, 매일

다투던 형과의 일상이었다. 사람은 매일 보고 매일 듣는 것으로부터 영향을 받는다. 나를 변화시키는 것은 주위의 사소한 것들이다. 그래서, 환경이 중요하다. 유형의 환경이든 무형의 환경이든 나의 일상을 감싸고 있는 것들을 가장 중요하게 여겨야 하는 이유이다.

◆ ◆ ◆

나는 첫 직장에서 9년 정도 근무했다. 그러고 나서 다른 산업의 기업으로 이직했다. 아직 새로운 회사 분위기도 파악이 안 된 상태였던 어느 날의 일이다. 나는 여느 때처럼 점심을 먹고 일찍 내 자리에 돌아와서 PC를 들여다보고 있었다.

"Hello! Congratulations!"

한 외국인 젊은 남자가 인사팀 사무실 문을 열었고 나에게 한마디 인사를 던지고 사라졌다. 순식간이라서 답변 인사할 새도 없었다. 그는 평범한 티셔츠 차림이었고, 한 손으로는

마시다 만 콜라병을 흔들어 댔던 것으로 기억한다. 알고
보니 그는 영업담당 부사장이었다. 나의 입사를 환영하고
싶었던 것으로 보인다.

먼저 인사해 준 것이 고맙기는 했는데, 행동은 살짝
의아하다는 생각이 들었다. 부사장쯤 되는 사람의 행동
치고는 너무 가벼워 보였기 때문이다. 그때까지만 해도
고위 임원은 나에게 아주 어려운 존재였다. 이전에 보아 온
임원은 항상 엄숙하고 진중했다. 가볍게 일상적인 대화를
하거나 농담 같은 것을 한 번도 해 본적이 없었다.

나는 이렇게 생각했다. "미국인이니까 행동이나 말투가
자유로운 걸 거야. 이 회사 한국인 임원들은 다르겠지.
한국인 임원들은 엄숙하고 엄격하겠지." 그런데, 얼마
지나지 않아 나의 그런 생각이 틀렸다는 것을 알게 되었다.
미국인 임원들뿐만 아니라 한국인 임원들도 별반 다르지
않았다. 나의 상사인 인사팀 상무는 한국인이었다. 그는
매우 자유롭고 개방적으로 행동했다. 인사팀 직원들은 인사
상무를 별로 엄격한 존재로 여기지 않았다. 회의 시간에도

자유롭게 토론하고 발언했다. 인사팀 상무의 의견과 다른
의견을 주저 없이 말하는 직원도 있었다. 지금까지 내가
보아왔던 엄숙한 회의실 분위기와는 사뭇 달랐다.

이 회사에 입사한지 며칠이 지났다. 미국 본사에서 중요한
프로젝트 매니저가 한국을 방문했다. 프로젝트는 글로벌
차원의 전사적인 프로젝트였다. 그래서, 한국 법인의
임원과 리더들에게 프로젝트에 대한 소개를 하는 자리를
가졌다. 프로젝트 설명회는 40~50명이 앉을 수 있는 본사
교육장에서 열렸다. 설명회 시간이 되자 본사의 임원과
리더들이 교육장으로 모여들었다.

그런데, 내게 익숙치 않은 모습이 보이기 시작했다. 우선 맨
앞 줄에 앉아야 할 것 같은 임원들이 아무 곳에나 군데군데
앉아 있었다. 오히려 직원들이 앞 줄을 듬성듬성 채우고
있었다. 사람들은 교육장에 들어오는 순서대로 자유롭게
자리를 택했다. 조금 늦게 사장님이 교육장에 들어왔는데,
아무도 사장님을 자리로 안내하지 않았다. 사장님은 그냥
맨 뒤의 빈 자리에 앉아서 설명회에 참여했다. 한 시간 정도

설명이 끝나자 사장님은 자신의 자리에서 잠시 일어나더니
프로젝트 매니저에게 몇 가지 질문을 했고 답변을 들었다.
그리고, 설명회는 끝이 났다. 사람들은 자연스럽게
흩어졌다. 이번 설명회만 격식이 없는 것이 아니었다.
대부분의 행사, 회의, 모임에서 위계에 의한 자리다툼은
없었다.

'이 무질서는 뭐지?' 이 회사에 근무하면서 처음에 든
생각이다. 입사하고 나서 얼마간 나는 이러한 풍경들이
별로 좋아 보이지 않았다. 조직의 규율과 질서를 중시하는
인사팀장의 눈에 너무 격식 없는 모습은 오히려 이상하게
보였다. 하지만, 시간이 지나면서 나도 이런 분위기에
익숙해졌다. 왜냐하면, 출근해서 퇴근할 때까지 이런
자유롭고 무질서에 가까운 분위기에서 살았기 때문이다.
행동이나 말투는 자유로워서 좋았으나 임직원들은 다른
고민거리를 안고 살았다. 바로, 성과에 대한 고민이었다.
직원들은 성과와 결과에 목숨을 걸고 있었다. 성과와
결과에 목숨을 거는 만큼 다른 것들은 신경을 안 쓰는

듯했다. 회사는 직원들에게 최대한 행동과 판단에 자유를
주되, 그 결과에 대해서는 책임을 철저히 물었다. 곧
회사에 일상적으로 흐르는 조직 문화는 철저한 '성과주의'
문화였다.

이 회사는 '우리 회사는 성과주의를 지향한다'라고
직원들에게 별도로 교육시키지 않았다. 연초에 사장님이
교장 선생님처럼 직원들을 모아 놓고 '성과 중심 문화'를
만들자고 목청을 높이지도 않았다. **일상의 행동과 의사결정 방식,
업무 프로세스 전반에서 성과주의 문화를 자연스럽게 느낄 수 있도록 환경이
조성되었기 때문에 굳이 '성과주의'를 이야기할 필요가 없었다.**

이 회사는 월마트이다. 한국에서는 현재 철수한 상태다.
월마트는 IT기반의 기업으로 출발한 회사가 아니다. 아마존
같은 이커머스 업체의 급부상으로 위기를 맞을 것이라는
우려가 많았다. 하지만, 여전히 오프라인 시장의 최강자로
성장을 거듭하고 있다. 이커머스 분야에서도 아마존에 이어
2위를 차지하며 세계적인 혁신기업의 대열에 동참하고
있다. BCG(Boston Consulting Group)가 발표하는 2020년 글로벌
혁신 기업 랭킹에서 13위를 차지하기도 했다.

◆ ◆ ◆

때때로 몇몇 기업이나 단체에 면접관으로 참여할 때가 있다. 면접관으로 다니다 보면 방문하는 기업마다 분위기가 다르다는 것을 느낀다. 짧은 시간임에도 그 회사의 문화가 짐작되기 때문이다.

한 공공기관에 면접관으로 참여했을 때의 경험이다. 면접은 본사의 대회의실에서 진행되었다. 대회의실이 있는 층에는 사무실과 작은 회의실도 몇 개 배치되어 있었다. 그런데, 사무실과 회의실들은 모두 문이 굳게 닫혀 있었다. 사무실과 회의실은 온통 두터운 벽으로 막혀 있어서 안이 들여다보이지 않았다. 대회의실에는 한 눈에도 비싸 보이는 가죽 의자들과 거대한 사각형 테이블이 있었다. 의자의 색은 모두 검은색이고 중후한 디자인이어서 방 전체에 위압감이 흘러 넘쳤다.

이 기관 인사담당자의 말에 의하면, 이 기관은 꽤 오랫동안 '경영혁신'과 '조직문화 혁신'을 위해 노력하고 있다고 한다. 최근에는 컨설팅 업체에 의뢰해서 '혁신

문화 프로젝트'를 진행하고 있기도 하다. 조직 이름에도 '혁신'이라는 이름을 넣은 조직이 여러 개 있었다. 나는 인사담당자의 말을 들으면서 그 프로젝트는 실패할 것 같다고 예감했다.

왜냐하면 가장 혁신적이지 않은 기업이나 조직이 가장 혁신이라는 말을 많이 쓴다는 것을 알기 때문이다. 조직 문화 혁신이나 경영 혁신에 실패하는 기업의 대부분의 접근방식은 '거대하다'는 공통점이 있다. 수 억원을 들여서 문화 혁신 프로젝트를 하고 혁신발표회를 한다. 그리고, 경영혁신팀을 만들고, 경영혁신 체크리스트를 복잡하게 만들어서 전사적으로 배포한다. 그리고 정기적으로 점검회의를 한다. 회사의 경영이념, 미션, 밸류 같은 그럴듯한 문구를 만들어서 홈페이지를 개편한다. 그런데, 그게 전부다.

잠깐 하다 마는 캠페인이나 수 백페이지의 1회성 보고서로는 조직문화를 바꿀 수도 없고 혁신을 이룰 수도 없다. 매일 눈에 보이는 것부터 바꾸어야 한다. 대회의실의 중후한 검정색 의자 같은 것들 말이다. 창의적인 생각이 용솟음치다가 대회의실의 검은색 가죽 의자와 상석에 앉아 있는 무서운 상사를 보는 순간 창의성은 금방 죽어버린다. 그런 권위 있고 어두운 분위기 속에서 상사는 이렇게 말한다. "자, 창의적인 아이디어를 하나씩 말해보세요. 얼마나 창의적인지 내가 평가할 테니."

창의성은 개방성이 높은 곳에서 싹튼다. 그러려면 닫혀 있는 문부터 개방해야 한다. 중후한 체리 색 문을 없애고 대신 안이 들여다 보이는 밝은 색의 유리 문으로 바꾸어야 한다. 벽도 유리벽으로 바꾸어서 사무실이나 회의실 안이 다 들여다 보여야 한다. 내가 아는 많은 혁신 기업들은 모두 개인 사무실이든 공용 사무실이든 개방감을 주도록 사무 공간을 구성한다. 사무 공간을 아름답게 하기 위해서 억지로 꾸민 것이 아니다. 매일 마주치는 문과 벽이 투명해야 조직 분위기가 자유로워지고 창의성이 올라간다고 믿기 때문이다. 매일 마주하는 환경과 분위기가 사람의 생각을 바꾸고 사람의 행동을 바꾼다.

◆ ◆ ◆

국내 굴지의 한 유통 대기업은 조직의 변화와 혁신을
주제로 꽤 오랫동안 노력해 왔다. 나는 이 회사에서
조직문화를 주제로 강의를 하게 되었다. 강의장에 본사의
직원들 대부분이 모였다. 100명쯤 되는 직원들이 큰
강의장에 질서 있게 앉았다. 10분 정도의 시간이 흐른 다음,
임원들이 줄지어 강의장으로 들어왔다. 그리고, 임원들은
미리 마련되어 있는 맨 앞자리에 자리를 잡고 앉았다.
임원들이 앉은 자리에는 책상까지 마련되어 있었고, 책상
위에는 메모할 수 있는 노트와 펜이 별도로 준비되어
있었다. 직원들은 임원 자리 뒤에 줄지어 있었는데, 당연히
책상도 없고 의자만 덩그러니 있었다. 그곳에서 나는
강연을 진행했다. 그다지 좋아 보이는 풍경은 아니었다. 두
가지가 맘에 들지 않았다.

첫째, 굳이 임원들이 개선장군처럼 별도로 줄지어 들어올
필요가 있었을까? 직원들이 모두 도열해서 임원들을
기다리는 듯 보였다.

둘째, 임원들과 직원들의 자리를 왜 구분해 놓았을까? 왜 임원들에게만 책상과 필기도구를 주는 걸까? 직원들은 책상도 필요 없고 펜도 필요 없나?

혁신을 하겠다고 모인 자리였지만 가장 혁신적이지 못한 모습이었다. "혁신과 창의성을 높이기 위해서는 일상의 일하는 방식과 사소한 환경을 바꾸어야 한다."는 나의 메시지에 임원들이 진심으로 공감했는지는 잘 모르겠다. 혁신이나 변화는 절대 거창한 것이 아니다. 거창하게 생각하는 순간 실패한다. 혁신이나 변화는 '일하는 방식의 작은 변화', 그 이상도 그 이하도 아니다. 혁신은 유명한 강사를 초빙하거나 혁신 보고대회를 연다고 되는 것이 아니다. 일상의 변화가 없으면 다 소용없다.

◆ ◆ ◆

한 그룹이 올해 처음으로 시무식을 없앴다는 기사를 읽었다. 사실 시무식은 오래전에 없앴어야 하는 형식적인 이벤트다. 작은 변화처럼 보이지만 직원들과 조직에 주는 메시지는 분명하다. 100페이지 혁신 보고서보다 훨씬 효과적이다. 회사는 시무식 하나 없애는 것으로 직원들에게 이런 메시지를 강하게 전달한다.

'회사는 형식적인 행사를 하기 위해 아까운 시간을 쓰지 않겠다'
'뻔한 이야기하자고 바쁜 직원들 세워 두지 않겠다'
'단상에서 '한 말씀'하는 권위주의를 없애겠다'
'앞으로 계속 형식과 권위 요소를 없애 나가겠다'

직원들은 그 작은 일상의 변화를 보고 그들의 행동을 바꾸기 시작한다.

골목대장 노릇 좀 그만하자

골목대장이 싸움에서 진 이유는 명확하다. 골목대장이었기 때문이다.
그는 이 골목을 벗어나본 적이 없고, 다른 싸움 기술을 경험해본 적이 없다.

옛날에는 동네마다 골목대장이 있었다. 지금도 있는지는
모르겠다. 요즘에는 작은 마을도 별로 없고 아이들도
별로 없으니 말이다. 골목대장은 소위 그 동네 '짱'이다.
골목대장은 싸움을 잘 한다. 싸움의 잔기술이 많아서 그
동네 다른 아이들을 차례로 제압해 나간다. 싸움에 진
아이들은 그 골목대장을 졸졸 따라다니면서 소속감과
안정감을 느낀다.

그런데 모든 골목대장에게는 특징이 있다. 절대 자기가
사는 동네를 벗어나지 않는다는 점이다. 왜 그럴까? 두렵기
때문이다. 내가 사는 동네에서는 날 이길 자가 없는데, 옆
동네에는 나보다 더 센 녀석이 있을지 모른다고 생각하기
때문이다. 그래서, 다른 동네를 가려고도 하지 않고, 낯선
다른 아이가 우리 동네에 들어오면 몰려가서 시비를 건다.

단체로 시비를 거는 이유는 안전하게 위험한 인물을 몰아내기 위해서다. 그래야, 내가 이 골목에서 '짱'을 계속 먹을 수 있다.

그런데 이 골목대장의 위세는 얼마 가지 못한다. 좀 더 강한 친구가 이 동네로 이사오면 위세가 끝난다. 옆 동네 친구가 우리동네로 들어오는 것은 집단으로 몰려가서 어떻게 몰아내겠는데, 강한 친구가 이사오는 것은 어찌할 도리가 없다. 골목대장은 처음에는 호기롭게 새로 이사온 강한 친구와 한번 붙어보지만 속절없이 패배한다. 한번도 경험해보지 못한 싸움기술을 당해내지 못한다.

골목대장이 싸움에서 진 이유는 명확하다. 골목대장이었기 때문이다. 그는 이 골목을 벗어나본 적이 없고, 다른 싸움 기술을 경험해본 적이 없다. 자기보다 센 녀석이 다른 동네에 즐비하다는 것을 모르고 안일하게 자기 동네에서만 왕노릇 해왔을 뿐이다.

◆ ◆ ◆

2022년에 카타르 월드컵이 열렸다. 전 국민의 관심사는 하나였다. "이번에는 정말 16강에 들어갈 수 있을까." 유럽과 남미의 강호들과 싸워서 한국이 16강에 든다는 것은 정말 꿈 같은 일이 아닐 수 없다. 첫 상대는 우루과이였다. 우루과이도 강팀인데 정말 잘 싸웠다. 그런데 점수는 0:0으로 무승부다. 다음 상대는 반드시 이겨야 하는 약체 가나였다. 그런데, 2:3으로 패했다. 한국의 16강 가능성은 물 건너 가는 듯했다. 마지막 남은 포르투갈 전에서 승리한다면 가능성은 있었다. 운명의 12월 3일, 한국은 강팀인 포르투갈을 맞아서 2:1로 승리를 거두었다. 기적 같은 일이 일어나 한국은 16강의 문턱을 넘었다. 12년 만의 일이었다.

한국이 16강에 오르자 언론은 대표팀 감독인 벤투를 집중 조명했다. 그는 포르투갈 출신이다. 그의 용병술과 전략을 분석하는 기사가 잇달았다. 수많은 분석 중에서도 눈에 띄는 분석이 있었다. 바로 선수들의 다양한 구성을 짚은 내용이었다.

포르투갈 전의 한국 선수단 구성을 보자. 11명의 선수들 중에서 6명이 외국의 리그에서 활동하는 선수들이다. 나라도 다양하다. 대표 선수들은 현재 잉글랜드, 독일, 스페인, 그리스, 일본, 카타르 등지에서 선수로 활약하고 있었다. 한국 K리그 출신은 5명이다. K리그 출신들과 외국 소속 출신들로 다양하게 선수들이 구성되어 있었던 것이다. 감독이 외국인이고 대표 선수의 반 이상이 외국 리그 출신이다. 이 정도면 한국 대표단은 국제적인 팀으로 그 다양성에 손색이 없다. 선수단의 다양성이 팀워크에 문제를 일으킨다거나 감독이 외국인라서 팀 내부에 불화가 생긴다는 말은 들어보지 못했다. 팀의 다양성은 오히려 긍정적인 시너지를 냈다고 보아야 한다.

경쟁자를 잘 모르고서 경쟁자를 이길 수 없다. 한국 팀 내의 외국 리그 출신들은 상대국 선수들을 개인적으로 아는 경우도 많았고 상대국 팀의 전략과 포맷이 익숙한 경우도 있었다. 팀의 다양성이 한국팀의 정보력을 질적으로 향상시켰다.

♦ ♦ ♦

나도 골목대장 노릇을 한 적이 있다. 첫 직장에서 9년을 근무를 했다. 줄곧 인사팀에서 일을 했다. 그런데, 그렇게 오래 일하면서 인사와 관련한 공부를 별도로 하지 않았다. 실무적인 지식이 부족해서 업무가 막히면 계열사 인사팀의 선배에게 전화로 물어보고 해결하는 정도에 그쳤다. 체계적인 지식의 습득이나 다른 기업의 우수 사례를 벤치마킹하려는 노력도 부족했고, 외부 강의를 찾아서 듣거나 다른 기업의 인사팀장들과 네트워킹 형성도 전혀 하지 않았다. 이렇게 성실히 상식적으로 판단해서 정책을 수립하고 제도를 설계해도 문제가 없다고 생각했다. 그리고, 호봉제도와 연공주의에 기초한 인사 제도가 만고의 진리인 것으로 한 번도 의심하지 않았다. 연공주의에 기초한 제도 설계에 대한 원칙과 일관성을 유지하는 것이 제일 중요하다고 생각하고 그대로 실행해 나갔다. 회사는 이렇게 일하는 나를 '성실한 원칙주의자'로 평가하는 듯했다. 그런데, 이러한 골목대장 마인드가 여지없이 깨지는 일이

발생했다. 다른 회사로 이직하면서다. 미국에 본사를 둔
다국적 기업이었는데, 산업도 내가 경험해 보지 못한
산업이었다. 이 기업의 문화와 일하는 방식, 그리고
인사제도와 철학은 이전 회사와는 달라도 너무 달랐다.
처음에는 너무 무질서해 보였다. 복잡한 직급이라는 것도
별로 없고, 나이나 근속기간도 별로 중요하게 생각하지
않았다. 상사와 부하 간의 위계도 거의 없어 보였다. 그러나
그들은 무질서하지 않았다. 뼛속까지 '연공주의'적 사고를
하고 있던 내 눈에 그렇게 보였을 뿐이다. 이 회사가 조직을
움직이는 원리는 연공주의가 아니고 '성과주의'였다.
성과가 모든 의사결정의 중요한 위치를 차지하고 있는
조직에서 직급, 나이, 근속기간은 하나도 중요하지 않았다.
이 기업에서 근무하는 기간이 길어질수록 나의 골목대장
마인드는 점점 사라졌다. 그동안 알고 있던 인사 관련
지식이 얼마나 일천한 것인지를 알게 되었다. 다른 산업,
다른 국적의 인사 철학, 인사제도, 인사 프로세스를
상세하게 경험하고 실행하면서 '세상은 참 넓고 배울 게

많구나'하는 생각이 절로 들었다.

어느 기업은 옳고 어느 기업은 틀렸다고 말하는 것이
아니다. 각각의 기업의 정책과 문화는 다 장단점이 있다.
다만, 다른 문화와 다른 정책을 가진 기업을 다닌 덕분에
시야가 넓어져 업무의 전문성을 넓힐 수 있었다는 점을
강조하고 싶은 것이다. **외국계 기업만 다니다가 국내 기업으로
이직했다면 또 다른 종류의 배움이 있었을 것이다. 한 곳에서 너무 오래
머물면서 '혼자 잘난 척' 하는 것은 정말 속 좁은 일이다.**

회사를 옮기면서 오히려 더 겸손해졌다. 대학원에 진학해서
인사조직에 대한 공부를 더 하기도 했다. 기업 본사의 인사
정책과 매뉴얼을 하나도 빠짐없이 얻어서 읽고 이해하려고
애썼다. 기회가 있을 때마다 유명 컨설팅사가 주최하는
세미나에 참여하기도 했다. 다른 기업 인사팀장과의
네트워킹에도 참여하면서 교류를 했다. 서로 정보와 지식을
공유하기 위한 일들이었다. 참으로 신기한 것은 공부를
하고 교류를 확대하면 할수록 '내가 참 부족하다'라는
감정이 점점 더 많아진다는 것이었다. 국내기업에서

인사팀장으로 있을 때는 공부의 필요성을 거의 느끼지 못했는데 말이다.

좁은 세상을 벗어나니 세상에는 참 고수가 많다는 사실을 알게 되었다. 내가 살던 동네에서 벗어나지 못했다면 아직도 편협한 연공주의적 사고에서 한 발짝도 벗어나지 못했을 것이다. 골목대장 노릇에서 벗어나려면 무조건 다양하고 넓은 세계로 나가 보아야 한다.

두더지 게임에서
두더지는 무슨 죄인가

어떤 리더들은 두더지 게임을 회사에서도 합니다.
그들은 두더지 게임의 망치를 들지요. 그러면 안 됩니다.

한 글로벌 기업에서 겪은 일이다. 그날은 아시아태평양
본사 임원진들이 한국지사를 방문했다. 그들이 한국에 오면
하는 일은 크게 두 가지이다. 하나는 한국법인의 사장과
임원들로부터 경영성과나 경영계획을 보고받고 논의하는
일이다. 이런 일은 어느 기업이나 하는 의례적인 일이다.
다른 하나는 일반직원들이 참여하는 참여하는 타운홀
미팅(townhall meeting)을 여는 일이다. 타운홀 미팅은 기업의
리더가 많은 직원들을 모아 놓고 중요한 정책이나 이슈에
대해 설명하는 자리이다. 직원들의 의견을 듣기도 하고
토론도 이루어지는데, 이때 형식과 격식을 따지지 않고
자유로운 분위기에서 진행하는 것이 중요하다.
타운홀 미팅에서 한국법인 사장과 임원은 아시아 태평양

사장과 임원에게 보고한다. 한마디로 아시아태평양
본부는 한국법인의 직속 상사 부서인 셈이다. 그래서
모든 임원들은 그들에게 잘 보여야 한다. 확실한 성과를
보여야 하고 리더십을 발휘하는 모습을 보여줄 필요가
있었다. 방문 첫날, 아시아 태평양 본사 임원들과 한국 법인
임원들과의 경영 전략 회의가 있었다.

본사 임원들 도착 둘째 날, 100명이 넘는 본사 직원들이
로비에 있는 홀에 다 모였다. 타운홀 미팅을 위해서다.
본사의 임원들과 팀장들뿐만 아니라 직원들도 자유롭게
모여들었다. 아시아 태평양 사장은 5분 정도 본사의
사업 방향과 최근의 변화 상황을 프리젠테이션했다.
그리고 나서, 직원들로부터 질문을 받기 시작했다. 잠시
침묵이 흘렀다. 아무리 글로벌 기업의 직원들이긴 하지만
직원들의 대부분은 한국사람들이다. 한국 사람들은 질문에
적극적이지 않다. 그리고, 까마득히 높은 직위의 사람들에게
자유롭게 질문을 할 사람은 많지 않다. 대부분은 어색한 이
시간이 빨리 지나가기를 바랄 뿐이다.

이때 어색한 침묵을 깨는 사람이 나타났다. "저 질문 하나 있습니다." 글로벌 영업부의 박 부장이었다. 나는 그를 쳐다보며 이렇게 생각했다. "그럼 그렇지. 왜 질문 안 하나 했네."

박 부장은 모든 회의나 행사에서 적극적으로 나서기를 즐겨하는 사람이다. 전체 팀장 회의에서도 항상 가장 많이 발언한다. 리더십 워크숍을 할 때도 가장 많은 프로그램에 적극적으로 참여한다. 나쁘게 보면 '관종'이고 좋게 보면 적극적인 사람이다. 그는 다른 사람의 이런 평가는 아랑곳하지 않고 이날도 진지한 질문을 던졌다.

"최근에 아시아에서 내려온 지침에 의문이 있습니다. 2~3년전에 실시한 프로모션을 다시 실시하는 것 같다는 생각입니다. 그때 한국 시장에서 별 효과를 보지 못했던 프로그램입니다. 아시아 전역에서 같은 프로그램을 동일하게 실시하다 보니 한국 시장에서 힘을 발휘하지 못했다는 판단이 듭니다. 한국에서의 독특한 시장 상황을 고려해서 약간 변형할 수 있는 룸(여지)이 있는지요?"

아시아 태평양 영업 담당 임원은 바로 답했다.

"좋은 질문입니다. 3년 전에 실시한 프로그램에서 한국이 아시아에서 가장 효과가 낮았다는 것을 알고 있습니다. 올해 프로그램은 그 때와 기본적으로는 같지만 약간 변화를 주었습니다. 특히, 프로그램별로 가격에 차이를 두었습니다. 그리고, 국가별로 할인율 적용함에 있어서 선택의 폭을 가져가고자 생각하고 있습니다. 아직은 완벽하게 결정된 상황이 아니고 본사에서 시뮬레이션 중입니다. 전체 프로그램을 손볼 수는 없지만 한국의 경쟁상황을 고려해서 가격 결정의 폭을 한국에서 자체적으로 판단할 수 있도록 검토해보겠습니다."

영업하는 모든 사람의 문제는 가격이다. 품질과 서비스가 좋으면 상품이 팔릴 것 같지만, 사실 가격만큼 영업실적에 영향을 미치는 것이 없다. 한국 법인의 CEO, 영업담당 임원, 영업 사원들은 모두 가격에 가장 민감한 사람들이다. 자신의 영업 성과에 가장 영향을 미치는 것이기 때문이다. 박 부장은 한국 법인 CEO와 영업임원, 영업사원들의 고민을 일거에 해소시켜줄 수 있는 문제 제기를 용감하게 한 것이다. 나중에 확인해 보니 이 타운홀 미팅 이후 실제로 아시아 본사에서 이 문제를 검토에 들어갔다. 그리고, 박 부장이 제기한 대로 아시아 프로그램이 한국에서 약간 변형된 형태로 탄력적으로 시행되었다. 한국법인에게는 희소식이었다. 결과적으로 박 부장이 큰 일을 한 것이다. 박 부장은 그 이후로도 몇 차례 두드러지는 성과를 냈다. 그는 여전히 중요한 리더들 미팅에서 토론을 주도하는 모습을 보여주었다.

이윽고, 박 부장은 2년 후에 영업담당 임원 자리에 올랐다. 영업본부에는 5명의 부장급이 있었고 영업실적이 좋고 리더십에도 큰 문제가 없는 이들이었다. 박 부장은 그들보다 연차가 낮았다.

어떻게 이런 일이 가능했을까? 박 부장은 노출에 능했다. 자신을 평가하는 사람들 앞에서 거침없이 자신을 노출하는 데 능했던 것이다. 타운홀 미팅 이후로 이 미팅에 참여했던 아시아태평양 임원들은 한국의 영업 이슈에 대해 알고 싶을 때 박 부장에게 이메일을 보내서 확인하기 시작했다.

박 부장이 두각을 나타낼 수 있었던 것은 기업 특유의 문화도 한 몫을 했다. 전통적인 위계가 있는 조직 문화를 가진 기업이었다면, 아마도 박 부장이 노출될 기회는 없었을지도 모른다. 강한 위계를 질서라고 생각하는 문화를 가진 회사에서는 직원들이 고위 경영자와 자유롭게 대화할 기회가 거의 없다. 설사 그런 자리가 만들어진다 하더라도 질문을 함부로 할 수가 없다. 질문에도 순서가 있고, 엉뚱한 질문을 했다가 혹시라도 경영자가 난처해지기라도 하면 영원히 부정적인 낙인이 찍히는 수가 생긴다. 좋은 질문과 답변이 오고 간다 해도 그것이 엄청난 기회로 다가오지는 않는다. 승진은 여전히 직급, 나이, 근속기간 순으로 결정될 것이 뻔하기 때문이다.

직급, 나이, 근속기간 등에 주눅 들지 않고 자유롭게 자신의 능력을 보여줄 수 있는 기회가 있다는 건 큰 선물이다. 자신의 능력 이외에 다른 요소들, 즉 나이, 직급, 근속기간 등이 기회를 막지 않도록 제도와 환경을 만들어 주는 것, 그것이 혁신적이고 역동적인 기업으로 가는 길이다.

♦ ♦ ♦

이번엔 리더십 워크숍에서의 일화이다. 한국 법인 사장이 새롭게 임명되었다. 회사 분위기를 일신하고 회사의 중기 전략을 수립하기 위한 워크숍이 준비되었다. 인사팀은 회사 워크숍을 많이 진행해 본 전문 퍼실리테이터(facilitator)를 초청했다. 초청된 퍼실리테이터는 여성이었는데 이번 워크숍의 처음부터 끝까지 맡아서 진행해 나갔다. 그녀의 역할은 워크숍을 통해서 리더들로부터 생산적인 결과물을 끌어내는 것이었다. 그녀는 행사 첫 날 리더들에게 협조를 구하면서 이렇게 말했다.

"예전에는 길거리에 두더지 게임기가 많았습니다. 재미있어서 자주 했었지요. 게임 방식은 간단합니다. 구멍사이로 두더지 머리가 올라오면 가차 없이 망치로 내리치고, 튀어 오르는 두더지 머리를 놓치지 않으면 됩니다. 망치로 많이 칠수록 게임 점수가 높아지는데요, 이런 게임은 길거리에서만 해야 합니다. 어떤 리더들은 두더지 게임을 회사에서도 합니다. 그들은

두더지 게임의 망치를 들지요. 그러면 안
됩니다. 직원들이 할 말이 있어서 머리를 내밀면
그렇게 하도록 내버려 두서야 합니다. 머리를
내밀기가 무섭게 두들겨 패려고만 하는 사람이
있는데, 이는 직원들의 기를 죽이고 회사를
망치는 일입니다.
적어도 이번 워크숍만큼은 계급장 떼고
자유로운 토론 분위기를 만들었으면
좋겠습니다. 그렇게 해야만 우리가 원하는
생산적인 결과물을 만들어 낼 수 있을
것입니다."
워크숍은 보기 드물게 잘 진행되었다. 재미도
있었지만, 무엇보다도 성과가 있었다. 회사의
미션 스테이트먼트(mission statement)▲가 리더들의
자유로운 토론을 통해서 만들어졌다. 가장
핵심적으로 해결해야 할 5대 과제를 정의하고
실천계획을 만들어 냈다. 대부분의 경우,

▲ 조직이나 기업이 가지고
있는 목표와 가치를 간
결하게 나타내는 짧은
성명서.

워크숍에서 논의되는 내용들은 사장되어 버리는 경우가
많은 데 이번 워크숍은 달랐다. 워크숍의 결과물들은
참여자들이 실질적으로 만들어 내고 동의한 것들이기
때문에 실제 업무에 반영되었다. 흔치 않은 일이다.
이런 성과가 가능했던 것은 '계급장 뗀 토론'과 '경영진의
적극적인 수용' 덕분이었다. 무엇보다도 첫날 약속한
'두더지 게임 하지 않기'를 잊지 않은 결과였다.
이런 성과가 가능했던 것은 '계급장 뗀 토론'과 '경영진의
적극적인 수용' 때문이었다. 무엇보다도 첫날 약속한
'두더지 게임 하지 않기'를 잊지 않은 결과였다.

◆ ◆ ◆

내가 경험한 성공적인 혁신 기업들에게는 공통적인 특징이
있다. 그중 하나는 젊은 임원이 많다는 점이다. 40대 임원은
너무 많았고, 특히 아시아태평양 본부나 글로벌 본사에는
30, 40대 임원이 차고 넘쳤다. 그들 젊은 임원들은 비슷한

행동 양식을 가지고 있었다. '적극성'이다.

회의 때 그들은 정말 발언을 많이 한다. 회의에 참석하고 있는 다른 사람들과 토론 경쟁을 벌인다. 하고 싶은 말을 못하고 쭈뼛한 모습을 본 적이 한 번도 없다. 너무 당당하고 공격적이라 정서적으로 맞지 않을 때도 있지만 부러울 때도 있다. 본인의 업무와 관련된 주제로 토론을 할 때에는 본인의 직위가 낮다 하더라도 회의를 거의 주도적으로 이끌어 가기 때문이다.

왜 이들은 이렇게 적극적일까? 이유는 간단하다. 적극적인 사람이 좋은 평가를 받는 문화에서 살고 있기 때문이다. 토론에 적극적으로 참여하지 않거나 발언의 횟수가 적은 사람은 절대로 인정받을 수 없는 분위기다.

'나는 내성적이라 나서서 말을 잘 하지 않는다. 성실하게 맡은 바 소임만 잘 하면 되지 않나' 라는 태도는 통하지 않는다. 토론에 적극적이지 않고 발언이 세지 않은데 유능하다고 인정받는 경우는 거의 보질 못했다.

이와는 달리, 전혀 다른 회의실 모습을 보이는 고루한 기업도 있다. 회의에 참석한 많은 사람들은 회의 때 말을 잘 하지 않는다. 회의라고 하지만 말하는 사람은 한 명이고 나머지는 청중이다. 받아 적는 시늉을 하느라고 바쁘다. 왜 이런 현상이 생길까? 여전히 리더들이 두더지 게임을 하고 있기 때문이 아닐까? 한두 번 망치에 맞아본 두더지들은 머리를 더 이상 내밀지 않는다. 맞을까 겁나는 건 당연하다. '모난 돌이 정 맞는다'라는 속담이 있다. 튀는 것을 싫어하는 사람들이 많다. 아니 두려워한다. 내가 튀는 것을 주저할 뿐만 아니라, 주변 사람이 튀는 것도 싫어한다. 이런 분위기 속에서 남들이 생각 못하는 창의적인 생각을 발언하기란 쉽지 않다. 독특할수록 망치로 두들겨 맞을 가능성이 높다는 것을 안다.

직원들이 토론에 적극적인지 소극적인지의 문제는 개인의 문제가 아니다. 기업 문화의 문제이다. 개인이 아무리 적극적이고 활발해도 조직 문화를 이길 수는 없다. 리더들이 모두 두더지 게임 망치를 들고 있는 조직 문화라면, 개인은 소극적이고 소심하게 행동하게 되어 있다. 반대로, 개인이 아무리 소극적이어도 조직 문화가 역동적이고 개방적이면 개인은 그러한 조직문화에 맞춰서 행동을 바꾸기 마련이다.

국뽕

K-컬처가 글로벌화에 성공한 것은
다양성에 성공했기 때문이다.

미국의 시사주간지 타임지는 2022년 '올해의 엔터테이너'
로 블랙핑크를 선정했다. 타임지는 블랙핑크를 트렌드를
이끄는 현 시대의 아이콘으로 뽑았고, 그 누구도 부인할 수
없는 세계에서 가장 큰 여성 밴드가 되었다고 평했다.
블랙핑크의 멤버는 4명이다. 4명의 국적은 다양하다.
2022년 데뷔한 이래로 전세계적 인기를 끌고 있는
걸그룹인 뉴진스도 다국적 그룹이라고 할 수 있다.
멤버들의 국적이 다양하게 구성되어 있기 때문이다. 요즘
세계적으로 잘 나가는 KPOP 그룹들 중에는 다양한 국적
출신으로 구성된 그룹들이 꽤 있다. 멤버의 다양성에는
당연히 장단점이 있겠지만, 다양성을 통해서 시너지를
내려는 시도는 계속되고 있는 듯하다.
국적의 다양성 때문인지 음악을 들어보면 이것이 한국
음악인지, 미국이나 유럽의 POP인지 알 수가 없다. 그리고,

멤버들은 영어도 잘 한다. 월드 투어할 때 무대에서 말하는 것을 보면 영어가 그리 유창할 수가 없다. 외국 팬들이 좋아할 수밖에 없다.

세계의 팬들은 이러한 걸그룹들의 국적에 관심이 있을까? 대체로 관심이 없을 것이다. 블랙핑크와 뉴진스를 좋아하는 것은 그들의 음악, 춤, 패션 때문이다. 한국 출신이기 때문이 아니다. 블랙핑크는 블랙핑크일 뿐이고 뉴진스는 뉴진스일 뿐이다. 그들의 멤버 다양성에서 오는 다양한 매력이 그들 인기의 원천이다.

이번에는 문화의 또 다른 축인 영화계를 살펴보자. 세계 영화계의 흐름은 아카데미 시상식을 보면 알 수 있다. 아카데미 시상식에서 어떤 영화가 작품상을 타고, 누가 감독상을 타고, 어떤 배우가 주연상을 타는지를 살펴보면 아카데미를 비롯한 세계 영화계의 흐름이 갖는 지향성을 엿볼 수가 있다.

2020년 한국영화 〈기생충〉이 아카데미 작품상, 감독상, 각본상 등 4개 부문을 휩쓸었다. 이런 놀라운 일이 가능했던 첫번째 이유는 물론 한국의 영화 수준이 급격히 올라갔기

때문이다. 하지만, 이것으로는 설명이 부족하다. 다수의
영화 평론가들은 한국영화의 놀라운 성취는 아카데미
내부에서 최근 확산되고 있는 다양성 존중 분위기도 한
몫을 했다고 말한다.

오랫동안 아카데미 시상식은 '백인들만의 리그'였다. 수십
년간 세계 영화계의 흐름을 주도한 아카데미는 백인들만의
잔치였던 셈이다. 수상 기록만 살펴봐도 미국이나 유럽에서
제작한 영화가 시상식을 거의 독차지했다. 수상하는
배우들의 면면을 봐도 대부분 백인이었음을 알 수 있다.
그런데 지금, 그동안 굳건했던 분위기가 바뀌고 있는
것이다.

음악, 영화 등 문화 상품이 세상에 미치는 영향은 지대하다.
문화의 트랜드는 세계인의 생각과 생활 방식을 바꾸어
놓는다. 문화 상품은 그 시대 가치관을 가장 빠르고
민감하게 반영한다고 볼 수 있다. 이러한 문화가 주는 감동,
정서는 사람들의 가치관에도 영향을 미친다. 문화에서
추구하는 다양성은 사람들이 상품을 구매할 때 정치적

의사결정을 할 때 기업에서 사람을 채용할 때 등등 행동에
변화를 가져온다.

음악, 영화 등 문화 상품의 화두가 다양성이라면 그만큼 다양성이 세계인의
화두가 되고 있다는 것을 말한다. 다양성의 가치가 글로벌한
가치관으로 자리잡고 있는 것이다. 이런 상황에서 우리가
다양성에 관심을 가져야 하는 것은 당연하다. 우리의 생각,
행동, 의사결정에 다양성을 확대해야 하는 이유다.

◆ ◆ ◆

연예인들의 영향력은 처음에는 그들을 좋아하는 팬들에게
국한한다. 하지만, 그들의 음악과 춤이 글로벌하게 퍼져
나갈 때는 그들의 영향력도 동시에 글로벌 하게 커진다.
그들의 영향력은 음악에만 한정하지 않게 된다. 그들이
글로벌 아젠다인 기후변화를 언급하면 기후변화에 대한
관심이 전세계적으로 올라가기도 한다. 그들이 인종 차별에
반대하는 메시지를 내면 전세계 언론이 이들의 발언에

동조하면서 기사를 내보낸다.

BTS는 단지 뮤지션이 아니다. 글로벌 이슈에 영향을 미치는 글로벌 인플루언서가 되었다. 많은 언론들이 그들의 발언과 메시지에 관심을 보인다. 이들이 종종 중요하게 내보내는 메시지가 '다양성 존중'이다. BTS 멤버인 진은 한 행사장에서 이렇게 말하기도 했다. "문화도 언어도 다르지만 이렇게 다양성의 가치를 존중하고 긍정의 메시지를 위해 함께 모였다는 사실이 의미 있다." 한국 출신 그룹에서 이런 글로벌한 아젠다가 거론된다는 것이 참 반가운 일이다.

런던의 한 미술관에서 앤터니 곰리 등 세계적 예술가들이 한자리에 모인 행사가 열렸다. 이 행사는 BTS와 현대 미술을 연결하려는 시도를 하기 위한 것이었다. 행사 이름은 'Connect BTS'이다. 이 행사는 전세계 5개 도시에서 동시에 진행되었다. 현대미술 작품과 BTS의 음악적 철학을 공유하는 것이 목적이다. BTS의 음악적 경향성은 다양하게 평가받지만 '다양성 존중'이라는 방향성이 있다는 점에는 전문가들이 대체로 동의한다. 뮤지션이 미술가들과 함께

이런 이벤트를 여는 것도 이례적이다. 그것도
글로벌한 수준에서 말이다. 융합적 시도이다.
다양성 추구라는 문화예술계의 세계적 흐름을
같이 하고자 하는 의도에서 이런 행사가 기획된
것이다.▲

▲ 장용승 기자, "'커넥트,
　BTS' 뉴욕서 마침표…
　18km 대형원에 포용성
　담았죠"(2020.02.05.),
　매일경제

◆ ◆ ◆

내가 중학생일 때 기억 중 하나이다. 하루는
올림픽에서 메달을 따고 돌아온 대표선수들을
구경하기 위해 종로에 갔다. 사람들이 엄청
몰려들었다. 선수들은 오픈 카를 타고 거리의
사람들에게 손을 흔들어 답례했다. 오픈카의
앞에는 경찰차들이 호위를 했고, 저녁 뉴스에는
대통령이 선수들을 청와대로 초청해서 같이
식사하는 모습이 보도되었다. 방송에서는

'대한의 아들과 딸'이 국위선양을 했다고 전국적으로 분위기를 띄웠다. 어김없이 일반 시민의 인터뷰 기사도 함께 한다. 길가던 시민은 항상 이렇게 말했다 "한국인의 한 사람으로서 그들이 자랑스럽다."

지금도 한국 선수들은 올림픽에서 금메달을 많이 딴다. 해외의 유명 구단에서 활약을 하는 야구선수, 축구선수는 예전보다 더 많다. 그런데, 그들을 대하는 분위기는 조금 다르다. '국뽕'이라는 신조어에서 이러한 경향을 짚어볼 수 있다. 이 말은 약간 냉소적인 뉘앙스를 담고 있다. 국가와 마약의 일조인 '히로뽕'의 합성어로, 개인의 성취를 국가의 영광으로 승화시켜서 국가적인 관점에서 자랑하려 할 때 자주 쓰는 말이기 때문이다.

'국뽕'이라는 말은 어쩌다 생겨났을까? 생각이 변했기 때문이다. 개인을 중시하는 MZ세대가 문화 현상을 크게 지배하고 있다. 그들은 국가나 집단보다는 개인을 더욱 중시한다. 생각과 행동 또한 한국이라는 좁은 땅에 갇혀 있지 않다. 그들의 생각과 행동은 글로벌로 향해 있다.

MZ세대만 생각이 변한 것도 아니다. 많은 기성 세대들도 글로벌한 세상에 노출되어 있다. 글로벌한 세계에 살고 있는 사람들에게 집단이나 국가의 가치는 예전만 못하다. K-컬처의 성공은 어떻게 가능했을까? 이유는 너무 간단하다. 그들 개개인들의 치열한 노력의 결과인 까닭이다. 국가는 별다른 직접적인 지원과 간섭을 하지 않았다. 만약에 국가가 나서서 경제적인 지원을 하고 해외 진출을 도왔다면 아마도 이런 성취를 보이기는 힘들었을 것이다. 역설적이다.

한국의 가수, 영화배우, 스포츠선수들은 국가의 간섭 없이 자유롭게 글로벌 시장에서 경쟁한 것이다. 그들은 다양한 대중과 팬들만을 생각했고 좁은 한국을 벗어나서 글로벌한 세상으로 뛰쳐나갔다. 그들은 자유로운 상상을 했고 글로벌하게 접근했다.

개인이 어떤 큰 일을 해냈을 때 두 가지 종류의 말을 건넬 수 있다. 하나는 '자랑스럽다'이고, 또 다른 하나는 '축하한다'라는 말을 할 수 있다. 모두 좋은 말이지만 의미는 다르다. '자랑스럽다'는 어떤 집단의 일원으로서 집단을 앞세운 듯한 느낌이다. 반면에 '축하한다'는 순수한 개인을 앞세운 표현이다. 과거에는 '자랑스럽다'는 말을 많이 사용했던 것 같다. **지금은 '축하한다'라는 말을 과거보다 많이 사용한다. 개인의 역량과 성과를 존중하고 축하하는 시대가 되었기 때문이다.** 성숙한 사회, 글로벌한 사회로 발전해 가는 좋은 현상으로 보인다.

다양성의 시대는 개인의 시대이다. 개인은 다양하기 때문이다. 집단을 중시하는 시대는 다양성의 시대와는 거리가 있다. 다양성의 시대에 '국뽕'을 들먹이는 것은 시대착오이다.

오늘날 K-컬처가 글로벌화에 성공한 것은 다양성에 성공했기 때문이다. 한국의 다양한 분야들 중에서 문화가 가장 다양성 정도가 높다고 볼 수 있다. 거침없이 멤버들을 외국에서 받아들이고, 글로벌한 시각에서 마케팅을 하며, 다양한 장르를 융합해 낸다. 그리고, 가장 치열한 노력과 경쟁을 한다. 그러한 다양성 토양에서 빛을 본 것이

K-컬처라고 할 수 있다.

이제 다양성은 우리가 살아가는 세상의 명백한 핵심 가치 중 하나이다. 서로 다른 배경과 관점을 존중하고 포용하는 문화를 갖췄을 때 세계적인 경쟁력을 갖출 수 있을 것이다.

집성촌으로 귀촌한
사람의 후회

아무리 직장이 많고 살기에 편리한 지역이라 하더라도
문화적으로 다양하지 못하고 개방적이지 못하면 청년들은 떠난다.

많은 중년 남성들은 시골에 작은 땅을 사서
귀촌이나 귀농을 하는 것에 로망을 갖는다.
그런데 대부분의 사람들은 귀촌, 귀농에
성공하지 못한다. 왜 그럴까? 주된 이유는 역시
자금 부족 때문이겠지만 그것이 이유의 전부는
아니다.
귀농, 귀촌은 대부분 남편들이 하고 싶어 한다.
부인들은 대부분 싫어한다고 한다. 우리 집도
그랬다. 나는 한동안 5도 2촌▲을 하고 싶어서
서울 외곽에 작은 땅을 보러 다니기도 했다.
그때마다 집사람은 크게 반대했다. 반대하는
이유가 이해는 된다. 도시에서 누리던 것을

▲ 5도(都)2촌(村)으로, 도
시에서 5일을 살고 시
골에서 2일을 사는 생활
패턴을 뜻함

포기할 수 없기 때문이다. 백화점이나 프리미엄 매장에 가끔 가야 한다. 영화관이나 병원도 가까이 있어야 하고 시내에 있는 대형마트에서 매주 쇼핑도 해야 한다. 모던한 인테리어가 일품인 카페에서 친구들도 종종 만나야 한다. 부인과 잘 합의가 된다 하더라도 더 본질적인 고민이 계속된다. 과연 낯선 시골에서 잘 적응할 수 있을까? 새로운 곳에 살다 보면 가장 고민되는 것은 역시 '사람'이다. 마을 분위기가 어떨지도 걱정이 되고, 옆 집에 사는 사람들이 혹시라도 이상한 사람들이 아닐지 불안하기도 하다. 이런 문제로 걱정할 때, 귀촌이나 귀농을 경험한 사람들이 공통적으로 충고하는 것이 있다. 바로 집성촌을 피하라는 것이다. 집성촌은 같은 성을 가진 사람이 모여 사는 촌락이다. 요즘에도 그런 동네가 있나 싶은데, 여전히 조금 있는 모양이다. 도심에서 멀어져 있는 외지의 농어촌 중에 그런 곳이 있다.

왜 귀농이나 귀촌을 할 때 집성촌을 피하라고 할까? 텃세가 있을 수 있기 때문이다. 모든 집성촌이 그렇다는

것은 아니지만, 귀농 귀촌 카페에는 집성촌인지 모르고
들어갔다가 텃세 때문에 다시 도시로 돌아오게 된 사연을
심심치 않게 찾아볼 수 있다.

집성촌에 사는 사람들은 모두 친인척들이다. 앞집에 작은
아버지가 살고 옆집은 고모할머니가 사신다. 뒷집은 4촌
동생이 산다. 시골에서는 동네 사람들이 모여서 같이
해결해야 할 문제들이 많다. 수해가 나면 공동으로 둑을
막는 작업을 해야 한다. 마을 도로를 어디에 포장할지도
마을 사람들 의견을 모아 결정을 해야 하고, 마을 상수도를
놓을 때도 비용 분담을 어떻게 할지 결정해야 한다. 눈이
오면 누군가는 마을 길을 쓸어야 한다.

마을에서 공통의 문제가 생기면 마을 사람들은 마을 회관에
모인다. 집성촌의 마을 회관에 모이는 사람들은 거의 한
성씨를 가진 친척들이다. 이 자리에서 다양한 이해관계를
해결하기 위해 논의할 때 외지인은 목소리를 높이기
어렵다.

조상 대대로 친인척들이 주로 몰려 살던 마을에 뜬금없이

외지인이 들어오면, 그 마을 사람들 입장에서도 불안해진다. "혹시 이상한 사람이 아닐까?" "조용히 잘 살던 마을에 화합하지 못하고 분란을 일으키지는 않을까?" 이런 생각을 하다 보면 외지인을 경계하는 마음을 갖게 된다. 이런 감정이 행동으로 나타나면 그것이 텃세다.

이런 텃세가 한 두 번 거듭되면 외지인은 그 마을 문화에 동화되지 못하고 떠나게 된다. 외지인에게 개방적이지 않은 마을에서 계속 살고 싶은 사람이 있을까? 그래서, 요즘에 귀농, 귀촌 하는 사람들은 집성촌을 피하게 되고, 마을 한 가운데 집을 짓는 것을 선호하지 않는다. 대신에, 마을에서 조금 떨어진 곳에 집을 짓거나, 외지인들로 새롭게 조성된 주택 단지로 들어간다. 새롭게 조성된 마을은 폐쇄적이지 않고 개방적인 분위기가 만들어져 있기 때문이다. 다양한 지역과 다양한 성향의 사람들이 들어오기 때문에 오히려 어울리기가 더 편하다고 생각한다.

◆ ◆ ◆

지방의 전통 도시 근처로 캠핑을 간 적이 있다. 조선 시대에
많은 학자를 배출한 유서 깊은 마을을 품고 있는 곳이었다.
마을 전체가 고색창연한 고택으로 되어 있어서 멋스럽기
그지없다. 마을 위치는 또 얼마나 좋은가? 마을을 감싸면서
강이 유유히 흐르고 있고 강 건너는 풍광 좋은 바위 절벽이
병풍처럼 활짝 펼쳐져 있다. 이처럼 멋진 마을에서 조선
시대에 유명한 선비와 학자들을 많이 배출했다는 것이
당연해 보였다.

그런데, 이 도시에는 좋은 점만 있는 것은 아니다. 가장 큰
문제는 젊은 사람들이 급격히 빠져나가고 있다는 점이다.
시골 도시에서 젊은 사람이 빠져나가는 것이 이 도시만의
문제는 아니지만, 이 도시는 그 정도가 더 심하다는 데
심각성이 있다.

청년들이 도시를 빠져나가는 가장 큰 이유는 직장
때문이다. **아무리 관광객이 많이 찾는 도시여도 그것이 청년들에게 많은
매력적인 일자리를 제공하지는 못한다. 일자리에 대한 기회가 적은 지역에**

청년들이 머무를 이유가 없다.

직장 부족 이외에 이 도시에서 청년들이 떠나는 이유는 또 있다. 아이러니하게도 전통 문화 때문이다. 이 도시에 사는 사람들은 자신들이 사는 지역이 전통 문화 도시라는 것에 자부심을 가지고 있지만, 동시에 그들이 전통 문화도시에 살기 때문에 느끼는 한계도 느끼고 있다. 특히, 청년일수록 한계를 더 크게 느낀다고 한다. 이게 무슨 말일까?

이 도시에 거주하는 한 청년의 말에서 이유를 찾아보고자 한다. 그는 한 언론과의 인터뷰에서 A 도시가 다른 곳에 비해 폐쇄성이 짙고 이를 청년들 입장에서는 '구리다'고 느낀다고 밝혔다. 청년의 말마따나 특정 가문이나 학연 등 사적 연고로 묶인 집단은 어느 지역에서나 있으며, 이로 인한 폐쇄적인 환경은 많은 지역에서 공통적으로 나타나는 문제이다. 그러나 씨족문화 전통이 강한 이 도시는 유독 이 특징이 강한 편이라고 한다. 일상생활에서는 알아차리기 힘들지만 지역 기득권층에 가까워지면 주요 문중이 지역사회에 미치는 영향력이 다른 시, 군보다 세다는 것이다. 특히나 문중은 성씨를 기반으로 하므로 노력한다고 해서 바꿀 수 있는 조건이 아니다. 인터뷰에 응한 청년은, 이런 문화로 인해 청년이 떠나는 것은 아니지만 부정적인 영향을 적지 않게 준다고 밝혔다.

이 인터뷰를 통해 청년이 지역을 떠나는 이유가 단순히 직장 때문만은 아니라는 것을 알 수 있다. 문화의 폐쇄성 또한 청년을 떠나게 하는 이유가 되기도 한다. 아무리 직장이 많고 살기에 편리한 지역이라 하더라도 문화적으로 다양하지 못하고 개방적이지 못하면 청년들은 떠난다. 지금의 청년들은 전통을 즐길 줄 안다. 레트로 감성에 흠뻑 빠지기도 하고, 전통 가옥에서 숙박을 하기도 하고, 전통 음식을 개량한 퓨전 요리를 일부러 찾기도 한다. 아이돌 스타들이 등장하는 퓨전 사극도 좋아한다. 하지만, 청년들이 전통 문화를 즐길 줄 안다고 해서 과거의 사고 방식과 과거의 생활 양식을 무턱대고 선호한다고 생각해서는 안된다. 그들의 사고방식과 생활방식은 철저히 개방성과 다양성을 추구한다. 일상에서는 폐쇄적이고 고루한 것을 아주 싫어한다.

문화적으로 다양하지 못하고 폐쇄적인 느낌을 주는
도시에 외부의 청년들이 들어오기를 기대하기는 어렵다.
전통 문화는 즐기되 생활방식에서는 개방성과 다양성을
살려내야 한다. 그래야 청년이 떠나지 않을 것이고 도시의
소멸도 막아낼 수 있다.

출생률이 낮은 근본적인 이유

우리 5,000만 국민은 목표가 하나다.
다양한 목표가 없다.

▲ 강아지들이 타는 유모차   요즘에는 유모차는 없고 개모차▲만 보인다.

개모차에는 아이 대신 강아지를 태운다. 젊은

부부들이 많이 쇼핑하러 오는 김포의 한

프리미엄 아웃렛에서도 유모차인가 싶어 보면

아기와 강아지의 비율이 반반은 되는 듯싶다.

젊은 부부들은 아기 대신 강아지와 함께 쇼핑을

나온다.

우리 동네에는 학교가 많은 편이다. 초등학교도

가까이에 3개나 있고, 중학교도 2군데나

있다. 그래서 젊은 부부들이 많다. 이 동네로

이사 온 지 10년이 넘었다. 당시에 집 밖으로

산책이라도 나가면 유모차가 참 많았다. 아파트

단지 안에서는 젊은 부인들이 각각 아기를

태운 유모차를 끌고 나와서 같이 이야기를 나누는 모습이
자주 보였다. 그런데, 지금은 정말 귀하다. 이렇게 비교적
젊은 부부가 많은 동네에서도 아기를 태운 유모차를
발견하기가 쉽지 않다. 가끔 발견하는 유모차에는 강아지가
태워져 있다. 멀리서 유모차를 밀고 오는 젊은 부부를
보면 신기하기도 하고 반갑기도 하다. 유모차가 내 앞으로
지나가면 신기한 듯 귀여운 아기 얼굴을 쳐다보게 된다.

◆ ◆ ◆

우리나라 인구 문제는 크게 두 가지로 구분할 수 있다.
첫째는 전국적인 출산율이 낮다는 것이다. 세계 최저
수준이다. 2023년은 합계출산율이 0.72명이다. 서울은
더 적어서 0.64명이다. 상식적으로 생각을 해도 부부가
2명이니 부부가 만나서 2명은 낳아야 인구가 유지될 텐데,
2명 이하를 낳으면 인구가 주는 것이 당연한 논리다. 이런
추세가 계속되면 2030년에 충남 인구 정도가 줄어든다고

한다. 그 이후로 2년이 더 지나면 부산시 인구 정도가 줄어들게 된다. 한국이 소멸될지도 모른다는 말이 단지 엄살로 들리지 않는다.

절대적인 출산율이 낮은 것도 문제지만 인구가 한곳으로만 집중된다는 점도 큰 문제이다. 인구가 한 곳으로 집중되면 그 집중된 지역의 출생률이 더 낮아진다. 인구의 집중이 사회 경제적으로 여러 문제를 만들어 내지만, 출산율을 낮추는 부작용까지 불러오기도 한다. 인구가 한 곳으로 몰리면 왜 출생률이 줄어들까? 인구학을 선구적으로 연구한 맬더스(Thomas Robert Malthus)는 그 이유를 이렇게 설명하다.

"사람은 태어나서 두 가지 선택을 하면서 살아간다. 하나는 생존이고 다른 하나는 재생산(출산)이다. 인구가 적정하게 증가하고 사회 경제적으로 발전하기 위해서는 사람들이 생존도 선택하고 재생산도 해야 한다. 그런데, 인구가 과밀해지면 경쟁이 심해지고 경쟁이 심해지면 사람들은 생존만을 선택한다. 즉, 경쟁이 심해지면 생존이 급하기 때문에 사람들은 재생산(출산)을 하지 않게 된다."

맬더스의 이런 말은 우리에게 인구 문제 해결의 팁을 제공한다. 즉, 인구 문제를 해결하기 위해서는 경쟁의 정도가 약화되어야 한다는 것이다. 경쟁 때문에 아이를 낳지 않는다면 이를 해소할 방법이 있을까? 참 어려운 문제이다. 누구나 한마디씩 할 수 있지만 누구도 속시원한 답을 내기 어렵다.

나도 이 문제에 한 마디를 보태고자 한다. 우리나라가 경쟁이 과도하고 사람들이 서울로만 모이는 이유는 '다양성 부재' 때문이라고 생각한다. **한국 사람은 다양성에 대한 인식 수준이 너무 낮다. 다양성에 대한 인식이 너무 낮고 획일적 사고와 행동을 하기 때문에 치열한 경쟁이 일어난다.**

초등학교 운동회에서는 항상 달리기 시합을 한다. 동일한 트랙에 선 아이들은 한 곳을 향해 온 힘을 다해 달린다. 넘어지고 쓰러져도 무릎에 피가 나도 달린다. 결승점이 하나이고 1등만 칭찬받기 때문이다. 만약에 결승점이 한 곳이 아니고 각각 다르다면 아이들은 그토록 피 터지게

달리지는 않을 것이다. 결승점을 하나만 만들어 놓고
"지나친 경쟁을 하지 맙시다." 하고 외쳐대는 참으로 공허한
말이다. 결승점이 다양해야 지나친 경쟁 심리가 없어진다.
우리 5,000만 국민은 목표가 하나다. 다양한 목표가
없다. 모두 일류 대학을 가는 것이 인생의 목표이다.
대학 입학 시즌이 되면 언론은 일류 대학의 경쟁률을
시시각각 발표하고 분석자료를 기사로 내보낸다. 수능에서
1등 한 학생을 인터뷰하고 그의 공부 방법을 소개한다.
수능을 보는 날은 온 나라가 멈춰 선다. 시험장 주변에
비행기도 뜨면 안 된다. 이런 전국적인 분위기에서 남다른
소신을 갖고 대학을 포기하고 다른 길을 가는 것은 거의
불가능하다. 이렇게 유난을 떨다가 언제 그랬냐는 듯이 또
다른 방송 프로에서는 "우리나라 사람의 병적인 교육율이
큰 문제."라면서 전문가들이 하나 마마 한 이야기를 떠들어
댄다.

5000만 국민의 주거 목표는 모두 강남의 고급 아파트에서
사는 것이다. 누구는 아파트를 좋아하고 누구는 주택을

좋아하고 누구는 상가주택을 선호하면 좋겠지만 그렇지
못하다. 다양하지 못하다. 적어도 서울 아파트에서 사는
것이 인생 목표다. 그래서 서울에서 가끔 아파트 분양을
하면 100:1 경쟁률은 보이는 것은 보통이다. 9시 메인
뉴스는 매주 강남 아파트 인상율을 발표해서 전국민이
강남 아파트에 관심을 갖도록 부추긴다. 그러면서도, 강남
아파트가 너무 비싸다고 아우성이다. 이처럼 전국민이 강남
아파트에 관심을 가지면서 강남 아파트 가격이 싸기를
바라는 것은 너무 이율배반적인 것이 아닌가? 세상에 그런
어이없고 속 편한 원리는 없다.

모든 대학 졸업자들의 목표도 하나다. 대학 졸업자들의
목표도 다양하지 못하고 획일적이다. 그들의 목표는 번듯한
대기업에 들어가는 것이다. 대기업의 서울 본사 사무직으로
입사한다면 누구에게나 부러움을 산다. 대기업에 취업을
해도 지방에서 근무하는 것은 싫어한다. 대학 교육의
목표가 취업률에 맞춰진 지 오래다. 대기업의 입사 경쟁률은
갈수록 올라가고 학생들은 치열한 경쟁률을 뚫기 위해서

스펙 쌓기에 시간을 쏟는다. 대기업은 인재를 빨아들이는 블랙홀이 되고, 대기업과 중소기업과의 임금격차는 갈수록 벌어진다.

한국만 이런 쏠림 현상이 있는 것은 아니다. 어느 나라 사람이든지 좋은 대학에 가고 싶어 하는 사람은 있고, 좋은 집에 살며 대기업에 입사하고 싶어 하는 사람들이 있다. 하지만, 한국처럼 극심하지는 않다.

한국이 특히 이런 현상이 심한 이유는 다양성에 대한 교육을 받아 본 적이 없기 때문이다. 우리는 전통적으로 다양성을 별로 좋아하지 않는다. 우리는 학교에서 '개인'보다는 '단체'나 '집단'이 중요하다는 교육을 받아왔다. '자유'도 배웠지만 사실 '평등'을 더 강조했다. 집단을 강조하다 보면 자유보다는 평등이 은연중 강조되게 되어 있다. 이런 교육적, 사회적 분위기에서 '다양성'이라는 개념은 존재하지 않았다. '집단'과 '평등'을 강조하는 교육 환경에서 자라면서 자연스럽게 삶의 목표도 동일해졌다. 삶의 가치관도 동일 해졌고 삶의 방식도 동일해졌다. 사회적으로 동일하게 형성된 삶의 가치관과 삶의 방식은 모든 사람이 동일한 목표를 향해 달리는 극한 경쟁으로 몰아갔다.

다양성의 부족은 역사적 맥락에서도 찾을 수 있다. 단일민족이라는 신화는 역설적이게도 개인의 다양성을 약화시키는 의식을 형성하게 만든다. 단일하다는 것은 모두가 같다는 것을 전제로 한다. 모두가 같다는 것은 집단의 위기를 극복하는 데는 매우 효과적인 사상이다. 하지만, 개인을 존중하고 다양성을 존중하는 현대적 사상과는 배치될 수 있다.

사람의 모든 의사결정과 선택은 그 사람의 속 깊은 곳에 자리잡고 있는 의식에 기반한다. 우리의 깊은 의식 속에 다양한 삶, 다양한 가치관, 다양한 생활방식에 대한 생각과 철학이 자리잡고 있다면, 지금처럼 처절한 경쟁은 좀 약화되지 않을까? 그러기 위해서는 '집단' '단일' '평등' 같은 가치관에 대한 새로운 해석과 변화가 있어야 한다. 개인의 다양성 인식이 확대되고 과도한 경쟁 의식이 약화되어야 지금보다는 덜 치열한 사회가 될 것 같다.

그래야, 보다 많은 젊은 부부들이 각자의 다양한 삶을 개척하게 된다. 각자의 다양한 삶에 만족하는 젊은 부부들이 많아져야 살아갈 날들에 대한 기대와 희망을 가지며 자녀들도 많이 갖게 될 것이다.

실리콘 밸리의 평범한 인도인들

만약에 레오나르도 다 빈치가 피렌체에서 태어나지 않고 다른 지역에서 태어났다면 그토록 엄청난 업적을 이루어 낼 수 있었을까?

피렌체만큼 세계사에서 중요하게 언급되는 도시도 별로 없다. 인구 37만 명 정도인 작은 소도시지만 르네상스의 발상지이기 때문이다. 르네상스는 개인의 개성, 자유, 창의성을 중시하면서 문학, 과학, 철학, 예술 분야에서 광범위하게 일어났다.

무엇이 피렌체를 유럽 르네상스의 중심지로 만든 것일까? 프란슨 요한슨은 그의 저서 〈메디치효과〉에서 피렌체의 다양성을 강조한다. 당시 피렌체는 유럽의 상업과 금융 중심지였다. 많은 사업가 및 금융업자 뿐만 아니라 다양한 분야의 사람들이 피렌체로 모여들었다. 피렌체로 모여든 철학자, 과학자, 예술가들은 서로 활발히 교류했다. 그 결과 기존의 사상이나 지식이 수정되고 융합되었다. 창의적인 아이디어가 곳곳에서 활발하게 발현되었다.

역사에 만약은 없다고 하지만 가정을 하나 해보자. 만약에 레오나르도 다 빈치가 피렌체에서 태어나지 않고 다른 지역에서 태어났다면 그토록 엄청난 업적을 이루어 낼 수 있었을까? 그의 천재적 자질은 어느 지역에서도 발휘될 수 있었겠지만, 아마도 그 성과의 정도는 훨씬 작았을지도 모른다. 다빈치의 천재적인 업적은 그만한 환경이 갖춰져 있었기 때문에 가능했던 일이라고 볼 수 있다. 피렌체 같은 다양성이 살아 숨 쉬는 환경 말이다.

창의성은 무에서 유를 만들어내는 과정이 아니다. 나와 다른 영역에서 일하는 사람과 대화를 하면서 불현듯 힌트를 얻기도 하고, 다른 사람의 엉뚱한 발상에서 기발한 아이디어를 떠올릴 수도 있는 것이다. **매일 같은 사람을 만나고 같은 종류의 사람과 대화를 고집해서는 절대로 창의적인 생각을 해낼 수가 없다.**

◆ ◆ ◆

르네상스 시대의 피렌체는 다양성과 창의성의 중심지였다.
그렇다면 오늘날에는 어느 도시가 과거의 피렌체와 같은
문화를 품고 있을까? 바로 실리콘밸리이다. 실리콘밸리는
샌프란시스코의 작은 도시이다. 이곳은 세계적인 혁신의
메카가 되었다. 피렌체의 다양성 생태계가 르네상스를
일으켰다면 실리콘밸리의 다양성 생태계는 세계적인
기술혁신을 일으키고 있다.

실리콘밸리는 전세계로부터 인재를 유입하는 블랙홀이다.
다양한 국가 출신의 엔지니어와 전문가들이 혁신적인
아이디어를 가지고 이곳으로 몰려든다. 이곳의 개방적인
다양성 추구 문화는 국적, 인종, 학력, 성별을 가리지 않고
인재들을 받아들인다. 구글, 마이크로 소프트, 어도비의
CEO가 모두 인도인이라는 것은 실리콘밸리의 다양성의
한 예에 불과하다. 실리콘밸리 스타트업(START UP)의 절반
이상은 비(非) 미국인(Non-Americans)이 설립했다.

우리는 창의성을 말할 때 흔히 개인의 창의성만을

떠올린다. 하지만, 정말 창의성이 개인의 능력으로만 나타날 수 있을까? 물론 천재적인 사업가와 기술자에게는 혁신을 이끌 힘이 있다. 하지만 그러한 천재들조차도 다양성이 받아들여지는 환경에서 활동하지 않는다면 자신의 천재성을 발휘할 기회를 갖지 못했을 것이다. 다시 한번 강조하자면, 창의성과 혁신성은 다양성을 추구하는 환경에서 자란다.

◆ ◆ ◆

그렇다면, 우리는 어떠한가? 우리의 다양성 생태계는 건강한가? 우리나라의 특징적인 기업문화를 말할 때 '순혈주의' '연공주의'를 빼 놓을 수 없다. 외부 출신의 경력사원은 새로운 기업에서 일을 시작할 때 문화적 차이와 보이지 않는 텃세로 어려움을 겪는다. 많은 조직이 내부에서 오랫동안 성장한 인력을 더 선호하는 경향을 보이기도 한다. 근속이나 나이를 중시하는 뿌리 깊은 연공주의 문화는 조직의 다양성을 해치는 또 하나의 요소이다 다양성이란 국적, 나이, 학력, 근속, 성별, 출신회사 등이 다르다는 이유로 차별을 하지 않는 것이다. 사실, 차별을 하지 않는 것은 소극적인 수준의 다양성이다. 진정한 의미의 다양성 추구는 의도적으로 다양성을 확대하는 수준을 말한다. 의도적인 다양성 추구라는 것은, 예를 들어, 의도적으로 다양한 국적, 다양한 성별, 다양한 회사 출신, 다양한 나이대의 직원들을 채용하는 것을 말한다.

다양성을 추구해야 한다고 주장하면 심하게 반대하는 사람이 있다. 그들은 다양성이 조직 내에서 갈등을 유발하고 단합을 헤친다고 말한다. 이러한 부정적인 요소를 완전히 제거할 수는 없다. 하지만, 갈등이 발생하는 것을 두려워하여 다양성을 포기할 수는 없는 일이다.

갈등은 다양성의 또 다른 측면에 불과하다. 다양한 사람과 다양한 의견을 가진 조직에서 갈등을 완전히 피할 방법은 없다. 다만, 적절히 갈등의 수준을 잘 관리하고 그 속에서 다양성의 긍정적인 효과를 내도록 해야 하는 것이다.

다양성은 불편한 것이다. 불편함을 능히 감당하고 창의적인 시너지를 만들어 내는 것이 능력이다.

많은 혁신 기업들은 기업 내에 다양성 관련 기구와 조직을 둔다. 다양성 성과 지표를 만들고 이 지표들을 중요하게 관리한다. 출신을 가리지 않고 다양한 인력을 외부에서 수혈하고, 여성 인력의 성장을 적극적으로 지원한다. 기업의 다양성이 기업의 혁신에 긍정적인 영향을 준다고 믿기 때문이다.

다양한 인력을 확보했다고 해서 자연스럽게 창의성이 올라가지는 않는다. 다양한 생각과 아이디어가 교류하고 융합할 수 있도록 일하는 방식을 만들어야 한다. 경직된 회의 문화, 직급 중심의 의사결정 방식 같은 것이 남아 있는 한 다양성의 시너지 효과는 없다. 전문성이 있는 사람이 의사결정을 할 수 있도록 해야 하고, 다양한 시각을 가지고 발언하고 토론할 수 있도록 보장해야 한다. 그래야, 다양성이 힘을 발휘해서 조직의 창의성이 올라간다.

타조가 생태계를 살렸다

천적이 없으면 당장은 좋을 것 같지만,
장기적으로 좋지 못하다.

지구의 나이는 46억 살이나 되었다. 지구의 탄생 이래로
수많은 식물, 동물이 탄생하고 멸종했다. 대표적인
멸종 종은 공룡이다. 공룡은 약 2억 년 전에 생겨났다가
6500만 년 전에 사라졌다. 공룡만큼 유명하지는 않지만
도도새라는 새도 멸종한 동물 중의 하나이다. 도도새는
마다가스카르 섬 근처에 붙어 있는 모리셔스 섬에서 살고
있었다. 언제부터 이 섬에서 살았는지는 잘 알려져 있지
않다. 그리고 이 새는 1681년 이래로 지구 상 어디에서도
발견되지 않고 있다.

도도새는 왜 멸종했을까? 도도새가 살고 있던 모리셔스
섬은 조류들의 먹잇감이 많고 환경도 좋았기 때문에
도도새의 멸종 원인을 밝히는 것이 쉽지 않았다. 연구
끝에 밝혀진 사실에 의하면, 도도새의 멸종의 원인은

천적이 없었기 때문이었다. 도도새가 천적이 있었다면
천적을 피하기 위해서 필사적으로 높이 날고 빨리 날려고
했을 것이다. 이러한 생존 노력은 도도새의 날개를 더욱
튼튼하게 했을 것이다. 도도새의 일부는 천적에게 잡혀
먹혔겠지만 많은 도도새는 튼튼하게 살아남았을 것이다.
천적이 사라지자 도도새는 날 필요가 없어졌다. 날개는
급격히 퇴화되었다. 날개가 있지만 날 수가 없는 새가
되었다. 천적이 없는 도도새는 25kg으로 몸무게가
늘어났다. 이 정도면 지상의 왠만한 포유류 정도의
무게이다. 몸무게가 25kg이나 되는 새가 난다는 것이 더
이상하다.

날지 못하게 된 도도새에게 치명적인 위험이 닥친다.
사람이 모리셔스 섬에 상륙한 것이다. 무인도에 상륙한
사람들은 날개는 있지만 날지 못하는 도도새를 발견했다.
섬에서 식량 문제를 해결해야 했던 사람들에게 도도새는
좋은 먹잇감이 되었다. 보이는 대로 잡아먹었다. 도도새의
개체수가 급격히 줄어드는 것은 당연했다. 급기야

1681년을 마지막으로 도도새는 멸종된 것이다.

도도새의 멸종은 단순히 종 하나가 멸종된 것으로 끝나지 않았다. 섬 생태계에 문제가 발생했기 때문이다. 도도새가 멸종하자 탐발라코크(Tambalacoque)라는 나무가 급속히 줄기 시작한 것이다. 도도새가 번성했을 때는 탐발라코크 나무가 번창하며 섬이 매우 울창했고 그 울창한 숲에서 건강하고 다양한 생태계가 번성했다. 그렇다면, 이 번창했던 나무는 도대체 왜 급속히 줄어들게 되었을까?

생물학자들이 그 원인을 찾기 위해 연구를 하기 시작했다. 연구 결과는 매우 흥미로웠다. 탐발라코크 나무의 씨는 껍질이 매우 단단했다. 단단한 씨는 너무 단단해서 자연 상태에서는 깨지질 않았다. 씨의 껍질이 깨져야 씨가 발아를 할 것인데 말이다. 이 단단한 씨를 깨는 역할을 한 것이 바로 도도새였던 것이다. 도도새가 없어지자 아무도 도도새를 대신해서 탐발라코크 나무의 씨를 깨지 않았다. 발아가 안 되는 나무는 당연히 개체수가 급격히 줄어들 수밖에 없다.

이러한 메커니즘을 알아챈 생물학자들은 모리셔스 섬의 생태계를 복원할 방법을 찾아 나섰다. 그래서 나온 아이디어가 타조이다. 생물학자들은 타조의 개체수를 늘리기 시작했다. 타조가 도도새를 대신해서 탐발라코크 나무의 씨 껍데기를 깨주기를 바라면서 말이다. 이 방법은 성공을 거두었다. 급속히 줄고 있던 탐발라코크 나무의 개체 수는 점점 늘어났다. 자연스럽게 섬의 생태계도 예전처럼 풍성하게 변해갔다. 생태계의 다양성이 회복된 것이다.

◆ ◆ ◆

천적이 없으면 당장은 좋을 것 같지만, 장기적으로 좋지 못하다. 멸종의 길이다. 멸종의 길이 자연 생태계에만 있는 것이 아니다. 기업 생태계에도 멸종의 길이 있다. 기업 생태계는 시장이 만들어 낸다. **시장에 경쟁이 없고 천적이 없다면 그 기업은 당장은 살겠지만, 장기적으로 생존할 수 없다. 경쟁이 심한 것을**

나쁘게만 볼 것이 아니라는 말이다.

무서운 경쟁자들이 시장에 계속 등장하는 시장이 건강한
시장이다. 거기에서 경쟁을 하면서 사는 기업도 있고 죽는
기업도 있다. 그것이 건강한 시장 생태계이다.

조직 내부 생태계도 건강해야 한다. 조직 생태계가
다양성으로 채워져 있지 않으면 그 조직은 얼마 가지
못해서 죽어버릴 수 있다. 동질한 사람들만 모아 놓은
조직은 경쟁이 없다. '우리가 남이가'만 외치고 '단합'과
'질서'만 외치면 조직 내부가 역동적이 될 수 없다. 이런
조직의 공통점은 위계를 강조한다는 점이다. 위계에 의한
질서만 강조하는 조직은 건강한 경쟁이 없다. 눈치만 있다.
눈치 경쟁만 있고 건강한 성과 경쟁이 없다. 성과 경쟁이
없으니 능력을 개발할 필요도 없고 창의적인 아이디어를
내려고 머리를 싸맬 이유도 없다.

다양성이 있을 때만 성과 경쟁이 존재한다. 주변에 다양한
출신, 다양한 학력, 다양한 능력, 다양한 경험을 가진
사람들이 모여 있어야 생산적인 경쟁이 일어난다.

성공적인 혁신 기업의 조직 문화에는 공통점이 있다.
'건강한 경쟁'이 당연시되고 오히려 조장된다는 것이다.
혁신하는 기업의 평가 제도는 매우 엄격하게 운영된다.
목표 설정도 매우 구체적이고 평가 방식도 매우 디테일
하다. 이처럼 엄격한 평가제도는 모두 경쟁을 건강하게
하기 위한 것이다. 건강한 개인과 개인 사이에서 일어나는
경쟁이 조직 내에서 잘 발휘되어야 궁극적으로 기업의
경쟁력도 올라간다고 믿기 때문이다.

정권이 바뀌면 항상 나오는 말이 있다. "방만한 공기업의
경영을 혁신하겠다."는 말의 잔치다. 정권 초기의 엄포에
공기업들은 몸을 사린다. 조직을 통폐합하는 시늉을 하고
위계적인 문화를 바꾸겠다며 조직 내에서 캠페인을 벌인다.
하지만 잠시 하나 마나 한 시늉만 보이다가 소리 소문 없이
예전 모습으로 돌아간다. 수십 년간 이렇게 해왔다. 바뀐 게
없다.

왜 그럴까? 조직에 진정한 경쟁이 없기 때문이다. 그리고,
시장에서도 경쟁을 하지 않기 때문이다. 조직 내에 경쟁이

없으므로, 직원들이 열심히 혁신을 하려고 애쓸 이유도
없다. 시장에 경쟁자가 없는데 혁신적인 제품을 내놓을
필요도 없고, 원가 절감을 하려고 애쓸 이유가 없다. 생존이
보장되어 있는데 어느 바보가 피땀 흘려 노력하겠는가?
이런 경쟁 없는 환경에서 살기 때문에 혁신적이고 개성
있는 인재를 채용할 필요도 없다. 이런 조직에서의 채용
방식은 철저히 동질성을 강조하는 방식이다. 비슷한 학력에
비슷한 전공을 선호하고 비슷한 나이를 채용한다. 개인의
창의성과 혁신성 같은 것들보다는 형식적인 스펙 위주로
채용한다. 면접에서도 창의성이나 적극성 등을 보기보다는
소위 조직에 순응하는 성향인지 적응력이 좋은지를 주로
보게 된다. 다양한 인재를 확보하기보다는 획일적 성향의
사람들만 채용하게 되어 있다. **획일성과 동질성만 강조하는 조직에
역동성과 창의성을 기대하는 것이 오히려 이상한 일이다.**

방만한 공기업과는 달리 혁신적인 민간기업은 조직 운영
방식이 다르다. 그들은 시장에서 치열하게 경쟁해서
생존해야 한다. 언제 어떻게 될지 모르기 때문에 항상

긴장을 하면서 조직을 혁신적으로 몰아갈 수밖에 없다.
사람을 채용할 때는 단순히 그럴듯해 보이는 스펙만을 보고
채용할 수가 없다. 사원 하나 하나가 회사의 성과에 크게
영향을 미친다는 것을 너무 잘 알고 있다. 그래서, 온갖
방법을 동원하여 제대로 된 사람을 채용하려고 애를 쓴다.
진정으로 조직에 도움이 되는 창의성과 혁신성을 갖춘
인재가 필요하다. 그래서, 나이, 학력, 성별, 지역 등을 따질
겨를이 없다. 우수한 성과를 낼 만한 인재를 채용한다.
혁신 기업들이 채용한 인력들은 매우 다양한 배경을 가지고
있기 때문에 필연적으로 갈등을 일으키기도 한다. 혁신적인
기업은 이러한 갈등을 건강하게 관리하면서, 그러한 갈등
속에서 혁신적인 아이디어와 창의적인 성과를 만들어
내는 능력을 가지고 있다. 의도적으로 조직에 다양성을
불어넣어서 다양성 속에서 성과가 나오도록 관리한다.
한가하게 나이나 따지고 고향을 따지고 직급이나 들먹이고
할 겨를이 없다.

기러기 아빠가
나쁜 것만은 아니다

애덤 스미스가 유럽에서 긴 시간 여행을 하지 않았다면
국부론이 세상에 등장하지 못했을지도 모른다.

고급 럭셔리 카를 보면 차 뒤에 'GT'라는 마크가 보일
때가 있다. 처음에는 특정한 카 브랜드의 모델인가 했는데
다양한 모델에서 보인다. GT는 'Grand Tourer'의 약자이다.
직역을 하면 '거대한 여행자'정도로 번역할 수 있을 것
같은데, 실은 역사적 의미를 가진 단어에서 착안된 것이다.
그랜드 투어는 17세기와 18세기에 영국의 귀족 사회에서
유행했던 해외 여행을 말한다. 잠시 그 내용을 살펴보자.
17세기 당시에 영국은 유럽에서 그리 강대국은 아니었다.
영국 귀족들은 유럽 대륙의 문화와 문물에 대한 동경이
있었다. 특히, 로마와 그리스 문화에 대한 부러움이 있었다.
영국 귀족의 자제들은 옥스퍼드와 케임브리지 대학에서
교육을 받았으나 교육에 대한 불만이 많다. 지식에 대한

습득도 제한적이었고 보다 넓은 세상에 대한 경험을 체득할 기회도 거의 없었기 때문이다.

17세기 말이 되면서 일부 귀족들이 선구적으로 그들의 자제들을 유럽으로 보내기 시작한다. 2~3년의 장기 일정으로 유럽 대륙을 여행하면서 그들의 문화와 예술에 대한 경험을 하게 했다. 이것이 그랜드 투어이다.

그랜드 투어에는 동행 교사를 함께 보냈다. 동행 교사는 많은 경우에 대학 교수들이 담당했다. 그들은 귀족 자제들과 동행하면서 귀족 자제들이 향락이나 타락에 빠지지 않도록 규율했으며, 정기적으로 귀족들에게 여행 일정과 여행 진행 상황을 보고했다. 동행 교사가 있는 상태에서 귀족 자제들은 마냥 여행만 즐길 수 없었다. 대신 프랑스, 로마, 그리스 등을 방문하면서 그곳의 많은 철학자, 예술가, 문학가 등과 자연스럽게 교류했다. 동행 교사로 간 교수들도 귀족 자제들을 규율하고 지원하는 일만 하지 않았다. 그들에게 2~3년의 기간은 자신의 관심 분야를 연구하고 탐구할 수 있는 충분한 시간이었다. 동행 교사 또한 그랜드 투어를 다니는 동안 유럽 대륙에 있는 당대의 지식인과 교류할 수 있는 절호의 기회를 가졌다.

국부론을 쓴 애덤 스미스도 동행 교사였다. 애덤 스미스는 영국 글래스고 대학의 철학 교수로 도덕철학을 연구했다. 어느날 그는 당시 영국 재무장관의 부탁들 받게 된다. 장관의 아들이 그랜드 투어를 가는데, 거기에 동행해 달라는 요청이었다. 장관의 이러한 제안은 그의 인생에 전환점이 된다. 그랜드 투어를 통해서 도덕철학과 별 관계없어 보이는 자본주의 경제에 대한 공부를 하게 되었으니 말이다.

애덤 스미스는 그랜드 투어를 하면서 유럽의 다양한 석학들과 교류를 한다. 처음에는 당연히 자신의 전공인 철학과 관련한 인사들과 교류한다. 하지만, 시간이 지나면서 다양한 분야의 지식인과 교류의 폭을 넓혀 나간다. 많은 지성인 중에는 파리의 의사 케네도 있었다. 케네는 특이한 사람이었다. 그는 의사면서도 경제에 관심이 많았다. 애덤스는 케네의 경제 철학에 매료되었다. 케네는 재화의 생산과 소비 과정을 의학적 지식으로 설명했다. 재화의 흐름을 혈액 순환으로 설명하는 것이 특별히 흥미로웠다.

케네는 경제를 이렇게 설명했다. "혈액이 막힘이 없이 원활하게 흐른다면 인체에 건강이 유지된다. 마찬가지로, 경제가 건강하기 위해서는 인위적 개입이 없어야 한다. 외부의 시장 개입이 있으면 경제가 원활하게 돌아갈 수 없다." 의사인 케네는 현대의 시장경제의 기본 원리를 정확히 이해하고 있었던 것이다.

케네가 의학적 관점에서 경제를 설명하는 것도 흥미롭지만, 이러한 사상을 바탕으로 애덤 스미스가 국부론을 쓰게 되는 것도 흥미롭다. 케네와 애덤 스미스는 자신의 전공과는 상관없는 분야에 관심을 가졌다. 그리고, 자신의 기존의 지식과 새로운 분야를 적절하게 연결하였다. **그들은 자신의 경계를 넘나들면서 지식을 과감하게 확장시킨 것이다.**

애덤 스미스는 유럽의 그랜드 투어를 마치고 영국으로 복귀한다. 하지만 다시 철학교수가 되지는 않는다. 그는 케네와 교류하면서 얻은 통찰을 기반으로 집필을 시작한다. 이렇게 해서 그 유명한 국부론이 탄생한다. 애덤 스미스가 유럽에서 긴 시간 여행을 하지 않았다면 국부론이 세상에 등장하지 못했을지도 모른다.

◆ ◆ ◆

기러기 아빠인 동료가 있었다. 직급이 부장이라 월급이
꽤 되었지만, 늘 그의 소득은 반 이상 미국으로 보내졌다.
중학생인 그의 아들은 엄마와 함께 미국으로 갔다. 조기
유학이다. 그는 이렇게 자주 말했다. "나는 돈 버는 기계다.
집에 일찍 가봐야 아무도 없다. 아이 교육 때문이라고
하지만, 잘한 건지 모르겠다." 이런 기러기 아빠들은 주변에
많이 있다.

기러기 아빠 문제를 말할 때 우리는 한국의 교육 문제를
떠올린다. 조기 교육의 병폐나 비뚤어진 교육열 같은
부정적인 표현들이 등장한다. 가족과 생이별한 불쌍한 중년
남자가 떠오르기도 한다. 한 가족이 중요한 시기에 따로
산다는 것이 행복한 일은 절대 아니다.

그런데, 기러기 아빠 문제를 다른 시각으로 볼 수도 있다.
가정의 문제나 사회 문제로 보지 않고 보다 다른 각도에서
보는 것이다. 긍정적인 측면에서 바라볼 수도 있다는
말이다. 한국 전체의 역사적 맥락에서 본다면, 기러기

아빠 문제를 '한국판 그랜드 투어'로 볼 수도 있지 않을까? 동행 교사가 없지만, 자녀를 외국으로 보내는 목적이 교육목적이라는 점은 동일하다. 긴 기간 동안 자녀들은 수많은 외국인 친구를 만나서 교류한다. 완전히 상이한 문화 속에서 살면서 그들 문화의 장점도 보고 단점도 실제로 체득한다. 한국에서 배울 수 없는 다양한 지식을 습득할 것이다. 문제를 해결하는 다양한 방식을 관찰하고 경험할 것이다. 이러한 것들은 모두 한국 교실에서 배울 수 없는 것들이다.

한국이 수십 년 만에 선진국이 될 수 있었던 것은 오랫동안 진행한 한국형 그랜드 투어가 한 몫을 했다고 볼 수 있다. 수많은 어린 자녀들이 조기 유학 길에 올랐고. 수많은 대학생들이 미국, 유럽의 유명 대학으로 떠났다. 그들은 한국에서 배울 수 없는 지식과 경험을 쌓고 돌아왔다. 그들이 습득한 지식과 문화 체험은 한국의 실정과 부딪히면서 갈등을 일으키기도 했지만 일반적으로 긍정적인 작용을 더 크게 했다. 자연스럽게 한국의 기존 지식과 문화와 연결되고 융합되면서 기업과 사회 전반에 다양성의 수준을 높여주었다. 다양한 지식과 문화가 전파되면서 한국 기업과 문화 전반에 혁신이 일어나는 토대가 되었다.

품의서를 삭제하라

품의서라는 게 무엇이죠?
그냥 이메일로 쓰시면 됩니다.

나는 군대에서 타자병으로 일했다. 내가 타자병이 된 데는
나름대로 준비한 전략이 성공한 덕분이다. 당시 별다른
재주가 없는 사람이 특기병으로 빠지려면 타자병이 제일
확실하다는 소문이 돌았다. 입대 전 몇 달을 집에서 타자
연습을 했다. 그 결과 운 좋게 사단 참모부의 타자병에
배치되었다. 계획대로 되었다.

하지만, 참모부 근무 첫날부터 시련이 시작되었다. 첫날
선임 타자병이 나의 타자 실력을 테스트한 것이다. 나의
실력은 바로 들통났다. "2급은 고사하고 3급도 안 되잖아?
무슨 깡으로 거짓말을 했지?" 선임병에게 심하게 혼났다.
나는 그날 이후로 하루에 20페이지 이상의 타이핑 연습을
해야만 했다. 타이핑 속도가 어느 정도 붙자 서서히
공식적인 문서를 치기 시작했다. 군대에서 사용하는 문서의

형식은 아주 복잡했다. 아무리 타이핑 속도가 빨라도 군대 문서 형식에 익숙하지 못하면 한 장의 문서도 작성할 수 없었다.

군대는 각이고 줄이라는 말이 있다. 연병장에서 훈련을 받을 때만 '각'과 '줄'을 맞춰야 하는 것은 아니다. 모든 문서는 칼처럼 줄을 맞춰야 했고 정해진 양식에서 한 치의 오차도 생기면 안 되었다. 문서의 이름은 기안지, 품의서, 협조전이 제일 많았다. 모두 보고를 하고 결재를 받기 위한 문서였다. 문서의 형식은 물론이고 문서의 물리적인 여백과 글 간격은 정해진 규칙을 따라야 했다. 좌우 여백, 위아래 여백은 물론이고 줄 간격까지도 정해져 있었다. 문서 첫머리에 오는 부대 슬로건의 탭을 한 칸 잘못 입력해서 문서 전체를 다시 타이핑한 적도 많다. 선임병이 하는 일은 내가 친 문서의 형식, 줄 간격, 오타를 체크하는 일이었다. 내가 친 문서가 선임병을 통과하면 선임하사가 다시 한번 그 문서를 체크했다. 문서의 내용은 중요하지 않아 보였다. 형식이 훨씬 중요했다.

타자병으로 엄청난 양의 문서를 생산하고 무사히 제대한 뒤 대학을 졸업하고 기업에 입사했다. 나는 인사팀에 배치되었다. 인사팀에서도 중요한 업무는 문서 작성이었다. '회사에서도 군대와 같은 문서를 쓰네?' 내가 인사팀에서 일하면서 맨 처음 든 생각이다. 군대와 마찬가지로 문서의 대부분이 기안지, 품의서라는 이름으로 작성된다는 것에 놀랐다. 기안지의 모양도 비슷하게 생겼고 결재를 받기 위한 문서의 작성 순서나 형식도 비슷했다. 문서 맨 위에 결재 라인 순서로 박스를 만들어 놓고 계급 별로 결재를 받아 나가는 절차도 비슷했다. 군대에서는 사단장의 결재 란을 제일 크게 그렸었는데, 회사에서는 사장님의 사인 란을 제일 크게 작성하는 것도 똑같았다.

나는 어느덧 '문서형식주의자'가 되어가고 있었다.

인사팀장이 되자 나의 역할은 '빨간 펜 선생'이 되었다. 문서 형식이 조금이라도 어긋나거나 기안지 폼이 조금이라도 어그러지면 참지 못했다. 아마도 부하 직원들은, 나의 잔소리에 진절머리냈을지도 모른다.

그런데, '문서형식주의자' 였던 내게도 변화가 찾아왔다.

다른 산업의 다른 기업 인사팀장으로 이직하면서부터였다.
새로운 회사에서 나는 처음부터 황당한 일을 경험했다.
부하 팀원이 채용 계획에 대한 문서를 작성했는데, 내가
보기에는 형편이 없었다. 내용은 무슨 내용인지는 알겠는데,
문서의 형식이 전혀 없었고, 자신이 쓰고 싶은 대로
자유롭게 쓴 것이다. '이걸 문서라고 작성을 하나?' 어이가
없었다.

그러나 더 이상했던 것은 결재 방식이었다. 인사담당
임원에게 승인을 받을 것이 있어서 품의서 같은 양식이
있는지를 부하 직원에게 물었다. 부하 직원은 이렇게
말했다. "품의서라는 게 무엇이죠? 그냥 이메일로 쓰시면
됩니다." 나는 이메일로 간단하게 내용만을 적어서
임원에게 보냈다. 임원은 거의 실시간으로 승인 메일을
보내왔다. 너무 편했다. 전 회사에서는 이틀은 걸리는 일이
10분도 걸리지 않았다. 이 일이 있고 난 이후로 품의서라는
양식으로 문서를 작성해 본 적이 없다. **대부분의 결재는 간단히
이메일로 이루어졌다. 그래도 일은 아무 문제없이 잘 돌아갔다. 오히려,
의사결정은 훨씬 빨라졌고 훨씬 정확해졌다.**

◆ ◆ ◆

왜 나는 군대에서 그리고 회사에서 품의서나 기안지라는
형식의 문서를 작성해 왔을까? 이유는 간단하다. 오랫동안
그렇게 해왔기 때문이다. 의문의 여지가 없었다. 조직에서
문서 형식을 만든 것은 다 이유가 있을 것이다. 문제는 그
형식을 만들었을 때의 사유가 없어졌음에도 지금까지 아무
생각 없이 그대로 사용한다는 점이다. 그 형식의 굴레에서
벗어나지 못하고 있는 것이다.

내가 여기서 형식을 문제 삼는 것은 '문서 형식이 본질을
저해한다'는 생각 때문이다. 형식과 본질은 적절한 균형이
있어야 한다. 형식에 신경을 쓰다 보면 내용을 잊어버릴
수 있다. 다들 이런 경험이 있을 것이다. 문서 작성을 할
때 정말 내용에만 집중하는가? 그렇지 않다. 문서 양식이
깨질까

고민하고, 글자 크기도 고민하고, 문서 번호도 고민하고,
글자 여백도 고민한다. 결재 라인에 누구를 넣을까도
고민한다. 다 신속한 의사결정이라는 본질과는 아무런

상관이 없는 고민들이다. 다 쓸데없는 것들이다.

일의 본질을 저해할 정도로 다른 것에 신경 쓰는 것은 정말 바보 같은 짓이다. 아직도 품의서나 기안지라는 형태의 문서 형식을 고집하는 조직이 있다면 과감하게 그것부터 없애기를 권한다.

나의 이런 제안에 반론을 제기하는 사람이 있을 것이다.

"그래도 중구만방으로 하는 것보다는 통일을 시키는 것이 더 효율적인 것 아닌가?"

일견 일리가 있어 보인다. 하지만, 그 효율이라는 것이 그렇게 크지 않다. 단지, 보고 받는 사람이 읽기에 익숙하다는 점 정도이다. 반면에 잃는 것은 훨씬 많다. **그 사소한 익숙함을 위해서 문제의 본질이라는 큰 것을 잃어버려서는 안 된다.** 형식을 버리는 순간 사람은 자유롭게 생각하게 되어 있다. 형식을 버렸다고 효율성을 잃어버릴 것이라는 우려는 기우이다. 사람들은 자유로움에서도 가장 효율적인 방식을 찾아 나간다. 보고하는 형식도 본인이 창의적으로 생각하기 시작한다. 자신이 생각하기에 가장 효율적인 방법을 찾는

것이다. 보고하는 내용, 보고하는 상황에 따라 다양한
방법을 동원한다. 형식을 위한 형식이 아니라 내용을
충실하게 전달하기 위한 방법만을 생각하게 된다. 문서를
만드는 것에도 다양성을 불어넣음으로써 직원들에게 보다
큰 자유를 주게 된다. 자유를 얻은 사람들은 생각을 보다
자유롭게 확장해 나간다.

문서에 쓸데없는 형식을 없애면 또 다른 효과를 얻을 수
있다. 가장 익숙한 풍경 하나가 사라진다. 결재판을 들고
사장실이나 임원실 앞에서 기다리고 있는 직원들 모습이
사라진다. 이게 얼마나 비효율적이고 전근대적인 모습인가?
결재판에 들어 있는 문서가 회사의 흥망을 좌우하는 무슨
대단한 문서도 아니다. 일상적이고 루틴한 결재인 데도
그 아까운 시간을 복도에서 허비하고 있는 것이다. 30분
이내에 이메일로 답장을 받으면 될 일을 2~3일 동안
결재를 받지 못해서 전전긍긍할 수도 있다. 사장이나
임원이 자리를 비우고 결재 타이밍을 못 맞추면 2~3일은
우습게 흘러간다. 이런 가치 없는 일에 신경을 쓰면서 언제

창의적이고 혁신적인 아이디어를 생각해 낼 수 있을까?

품의서나 기안지를 없애야 하는 또 다른 이유도 있다.

품의서나 기안지를 만드는 순간, 사람은 둘로 나뉜다.

바로, 보고하는 자와 보고받는 자이다. 일의 과정이 보고와
결재라는 딱딱한 위계로 나뉘게 된다. 일의 개념을 보고와
결재가 아닌, 논의와 토론으로 바꾸어야 한다. 혁신과
거리가 먼 기업에서 직원은 항상 보고만 하는 사람이다.
상사는 항상 보고만 받고 지적만 하는 사람이다. 직원과
상사가 모여서 토론하고 논의해서 함께 의사결정하는
법이 없다. 설사 직원과 상사가 회의를 했다 하더라도 그
자리에서 결정된 사항을 바로 실행하지 않는다. 반드시,
회의 내용을 품의서로 작성해서 결재를 받은 후에 실행을
한다. 바로 실행하면 될 일 아닌가? 이런 비효율이 또
있을까?

위계로 가득 찬 형식과 프로세스는 조직의 다양성과
창의성을 가로막는다.

Part 2 ＿＿＿

'우리가 남이가'만 외치는 동질성

여성 상사가
특별하지 않은 기업들

"동일한 국적의 입학자가
전체 입학자의 1/10을 넘지 못한다."

세계적인 자동차 기업 GM의 최고 경영자는 여성이다.
서비스, 금융, 유통 등의 기업에서 여성 CEO를 볼 수
있지만, 대표적인 제조기업에서 여성이 CEO라는 점은 매우
이례적이다. 제조업이 주는 이미지도 있고 생산 현장에
대한 이해가 필요하다는 특성도 있기 때문이다. 그러나 GM
CEO인 메리 배라(Mary Barra)는 2014년에 취임한 이래로
2023년에도 장기간 재직하고 있다.

무엇이 이를 가능하게 했을까? 이유를 분석하기 위해
GM에서 매년 발행하는 보고서를 살펴보기로 했다.
2023년에 발행된 〈연간 다양성 보고서〉에 따르면 GM
임원급은 35%가 여성으로 채워져 있다. 회사 전체 직원
중에서도 여성 직원이 차지하는 비율은 55%나 된다. 또한

리더급을 승진한 임직원 중 여성의 비율도
54%나 된다.▲ 오히려 남성보다 여성 승진자가
많다는 것은 앞으로 점점 여성 리더들이 더욱
증가한다는 것을 의미한다.

▲ GM annual diversity report, 2023.6.16

어떻게 이런 일이 가능한 것일까? 기업 내에
여성 임원과 여성 리더들이 많은 것은 기업의
문화와 정책이 가져온 결과이다. 다양성 정책과
다양성 문화 때문에 그러한 현상이 가능하다.
GM이 매년 발행하는 다양성 보고서(Diversity
report)를 보면 그들의 정책과 문화를 세심히 살필
수 있다. 다양성 보고서를 중요한 경영보고서로
채택하고 홍보하는 것만으로도 그들의 조직 내
분위기를 짐작할 수 있다. 이 보고서에는 회사의
다양성 정책, 다양성 프로그램, 다양성 지표들이
상세하게 소개되어 있다.

이 보고서의 서문에는 이런 말이 나온다.
"우리는 다양하고 포용적인 조직 문화를
만들어 나가는 것이 우리 사업의 목적을

달성해 내는 데 필수적이며, 다양성과 포용성의
추구는 직원들과 팀이 일하는 데 기준이 되는
초석이라는 사실을 잘 이해하고 있다."▲ 조직의
다양성과 포용성의 추구가 회사의 중요한
정책임을 명확하게 밝히고 있다. 회사가 어떠한
정책을 항상 전면에 내세우면, 직원들은 모든
의사결정을 할 때 항상 그것을 염두에 두고
의사결정을 하게 된다. GM은 직원들이 항상
다양성을 염두에 두고 모든 의사결정을 하기를
바란다.

대표적인 창의적 기업이라고 할 수 있는 구글도
다양성 보고서를 발행한다. 이 보고서에서는
그룹 전체의 다양성 정책과 다양성 확대를 위한
활동들을 자세히 소개하고 있다.

"다양성과 포용성은 우리의 사업을 위한
필수적인 요소이다."

"직원의 다양성, 고객의 다양성, 사용자들의
다양성을 서로 찬미하는 일터를 만들어 내는

▲ GM annual diversity
report, 2023.6.16

것이 우리의 목표이다."▲

▲ Google annual diversity report, 2019

다양성 보고서에 나오는 선언적인 말이다.
보고서에서는 연간 채용인원의 성별 구성비와
기존 직원의 성별 구성비의 추이를 상세히
설명한다. 그리고, 연간 채용인원의 인종별
구성비와 기존 직원의 인종별 구성비 추이도
상세히 보여준다. 나아가서, 성적 소수자 비율,
퇴역 군인 비율도 매년 상세히 공개한다.
그리고, 모든 지표들은 일반 직원과 관리자로
구분하여 별도로 표시하고 있다.

사실 구글 다양성 보고서에서 보여주고 있는
지표들은 모두 회사 내에서 쉽게 얻을 수 있는
자료들이다. 지표를 뽑아내는 데 엄청난 노력이
드는 것도 아니다. 중요한 것은 이러한 리포트를
중요하게 공개한다는 데 있다. 구글의 다양성
보고서는 주주에게도 보고된다. 투자자도 이
보고서를 주의 깊게 읽어본다. 주주는 경영진을
평가할 때 기본적인 재무지표 만 보는 것이

아니라 다양성 지표도 중요하게 참고한다. 글로벌 기관 투자자의 중요한 의사결정 포인트는 물론 재무지표이다. 하지만, 다양성 지표도 동시에 참고한다. 주주와 투자자들이 다양성 지표를 중요하게 생각하는 이유는, 다양성 수준이 기업의 지속가능한 혁신과 기업의 창의적인 문화를 결정하는 바로미터라고 보기 때문이다.

두 기업의 사례만을 들었지만, 사실 왠만한 글로벌 기업들은 모두 매년 다양성보고서를 발행한다. 글로벌 기업들에게 다양성 지표가 중요한 경영지표가 된 지는 오래되었다. ICT, AI, 반도체 산업 같은 첨단 산업의 기업들만 다양성 보고서를 발간하는 것도 아니다. 전통 제조기업들도 다양성 보고서를 만들어 내기는 마찬가지다. 글로벌 기업들이 이렇게 다양성에 관심을 갖는 것은 시장에서 그만큼 다양성 수준을 중요하게 생각하기 때문이다.

기업평가 기관들이 기업을 평가하거나 대규모 투자 기업들이 투자 의사결정을 할 때, 그들은 기업들이 발행하는 많은 보고서들을 읽게 된다. 그들의 관심은 재무적 지표에 그치지 않는다. 다양성 보고서도 중요한 보고서 중의 하나로 꼼꼼하게 들여다본다. 재무적 지표들은 기업의 단기적인 경영성과를 보여준다. 재무적 지표는 기업의 가치를 평가하는 정량적 지표이다. 반면에 다양성 보고서는 일종의 정성적 요소들을 보여준다. **다양성 수준은 지금 당장의 경영 성과라고 할 수는 없지만, 기업의 지속가능성을 평가할 수 있는 요소라고 할 수 있다.** 기업의 다양성 수준이 기업의 지속 가능성과 혁신 가능성을 결정한다.

◆ ◆ ◆

내가 근무했던 모든 글로벌 기업들도 다양성 지표를 관리했다. 내가 미국계 글로벌 기업에 다닐 때 있었던 일이다. 이 회사는 1년에 한 번 후임자 계획(succession planning)▲을 위한 논의 세션을 열었다. 후임자 검토를 위해서 아시아 태평양 지역의 CEO와 아시아 태평양

▲ 회사의 중요한 임원 포지션에 대한 후계자를 사전에 검토해서 결정하는 과정. 글로벌 기업들의 가장 중요한 인사프로세스 중 하나로, 팀장급 리더들 중에서 장래에 임원이 될 만한 역량이 있는 사람들을 발굴함. 여기에서 결정된 사람들은 보다 중요한 업무에 투입될 기회를 갖게 되고 특별한 교육에 참여하게 됨.

지역 인사책임자가 한국에 왔다. 한국 법인에서는 한국 CEO와 내가 인사책임자 자격으로 참가했다. 4명의 회의 참가자들은 대회의실에 모였다.

나는 한국 법인의 중요 임원 포지션의 후임자 후보들을 발표해 나갔다. 그런데, 발표 중간에 아시아 태평양 CEO가 제동을 걸었다. 그는 밝지 않은 표정으로 질문했다. "왜 한국 법인에는 여성 관리자들이 이렇게 없나요? 보아하니 현재 임원 포지션에도 여성 임원이 없고, 임원 후보자들 중에서도 여성 리더급이 거의 없지 않습니까?" 마치 내가 잘못했다는 듯이 질책하는 말투였다. 나는 예상치 못한 질문을 받고 약간 당황하여 핑계를 대었다. "여성 관리자가 적은 것은 어제 오늘의 문제가 아닙니다. 현재 여성 인력 자체가 별로 없습니다. 그리고, 제조 업체의 특성상 여성이 능력을 발휘하기가 어렵습니다."

이러한 변명은 꼬투리가 되어 더한 반격을 받았다. 이번에는 아시아 태평양 인사 책임자가 이렇게 쏘아붙였다. "그건 말이 안 됩니다. 인사책임자라면 그런 오랜 문제를 해결할 방안을 만들어야 하는 거 아닌가요? 적합한 인재가

내부에 없다면 외부에서라도 여성 관리자를 충원해야
합니다. 의도적으로 늘려야 합니다."

세션 분위기는 엉뚱한 방향으로 흘렀다. 임원 후보자
검토는 진도가 하나도 나가지 못하고 회사 전반의 여성
관리자 부족 문제로 주제가 옮겨가고 말았다. 아시아 태평양
CEO와 인사책임자는 임원 후보자를 전반적으로 다시
검토하라고 지시했다.

세션은 후보자 검토 없이 끝나 버렸다. 세션이 끝나고
아시아 태평양 인사책임자와 나는 따로 만났다. 그는 한국
법인의 다양성 수준이 전 세계에서 최하위 수준이라고
말했다. 그리고, 본사의 다양성 정책을 장황하게 설명했다.
전 세계 지사들의 다양성 지표를 비교한 데이터를
보여주기도 했다. 그러면서, 한국의 다양성 관리 목표를
구체적인 숫자로 제시했다. 당장 달성하기 힘든 매우
의욕적인 목표 숫자였다.

비상이 걸렸다. 그 이후 조직 전체적으로 여성관리자
발굴과 육성 프로그램이 진행되었다. 관리자 포지션이
공석이 되면 헤드헌팅을 이용해 여성 지원자를 폭 넓게

받았다. 공석이었던 마케팅 임원 자리는 미국계 소비재 기업의 여성 임원을 영입했다.

◆ ◆ ◆

CDO라는 직책이 있다. 'Chief Diversity Officer'의 약자로 최고 다양성 책임자를 말한다. 글로벌 기업에서 오랫동안 HR 책임자로 지낸 나에게도 그다지 익숙한 직책은 아니다. 왜냐하면 글로벌 혁신 기업을 중심으로 최근 급속하게 확산되고 있는 직책이기 때문이다. 처음에 CDO는 주요 기능의 임원 자리를 차지하지 못했다. 일반적으로 다양성에 대한 책임은 CHO(Chief HR Officer) 즉 인사최고책임자에게 있었다. CHO가 인력을 채용하고, 인사 정책을 만들고, 조직 문화를 책임지고 있는 자리이기 때문이다. 그러던 것이 다양성의 중요성이 급속히 확산되면서 CDO가 CHO에서 분리되기 시작한 것이다. 그만큼 다양성의 추구가 중요해진 오늘날의 트렌드를 보여준다.

CDO는 HR(인사), Finance(재무), Sales(영업), Marketing(마케팅), Manufacturing(생산), R&D(연구개발), CS(고객서비스) 등과 같은 주요 기능들과 비슷한 위계에 위치하면서 CEO에 직접 보고하기도 한다. CDO는 회사 전체의 다양성 정책을 수립한다. 다양성 지표를 만들어서 매년 초에 발표하고 각 부서의 다양성 지표를 달성하도록 독려하는 프로그램을 운용한다. 매년 다양성 추구에 대한 성과를 요약하여 다양성 보고서를 만들어서 경영자, 주주, 투자자들에게 보고한다. 다양성과 포용이 일상에 스며들 수 있도록 세심한 정책과 절차를 관리한다. 2020년을 기준으로 볼 때, 포춘 500대 기업의 20% 이상이 CDO를 독립적인 조직으로 두고 있다.

◆ ◆ ◆

기업이 아니더라도 특출한 성과를 내는 유명한 조직들의 공통점은 모두 다양성에 대한 남다른 노력을 기울인다는

점이다. 특히, 세계적으로 명성을 얻고 있는 대학들이
그렇다. 인시아드(INSEAD) 경영대학원이 좋은예다.
인시아드는 세계적인 경영대학원으로 2018년 파이낸셜
타임즈(Financial Times)의 발표에 의하면 전세계 경영대학원
중에서 스탠퍼드 대학 다음으로 2위를 차지했다.
"동일한 국적의 입학자가 전체 입학자의 1/10을 넘지
못한다." 인시아드의 MBA 과정 운영 원칙 중 하나이다.
학생의 다양성 확대를 학교 발전을 위한 핵심 정책으로
가져가고 있는 것이다. 이러한 정책적 노력의 결과,
인시아드는 전 세계에서 다양한 학생들을 모집할 수
있었고, 글로벌한 수준에서 명문대로서의 명성을 얻을 수
있었다. **학교에서 중요한 학사와 관련한 의사결정을 할 때 다양성 지표는
중요한 바로미터가 되었다. 이러한 일관된 정책은 조직의 역량을 한곳으로
모으는 데 중요한 힘이 된다.** 수많은 대학들이 구체적인 정책
없이 '글로벌 대학이 되겠다'라는 구호만을 외치고 있을 때,
인시아드는 구체적인 다양성 지표를 개발하고 실천해 나간
것이다.

인시아드 홈페이지를 들어가 보면 'Our Global
Network'이라는 페이지가 나온다. 이곳에서 그들의
졸업생과 입학생들의 글로벌한 구성을 한 눈에 알아볼 수
있다. 졸업한 학생들과 재학생들의 국가별 구성을 보면
놀랍다. 학생들의 국적이 170개국 이상이나 된다.

우리나라도 요즘 대학들이 해외 유학생을 많이 받아들인다.
그런데, 특정 국가나 특정 지역 출신이 많다. 유럽이나 미국
출신은 아직 미미하다. 다양성 측면에서 세계적인 대학과는
비교가 되지 않는다. 출신 나라가 제한적인 이유로는 여러
가지를 생각해 볼 수 있다. 언어 문제도 있을 수 있고,
대학의 글로벌한 위상도 한계로 작용할 수 있다.

다양한 국적의 학생을 받아들이는 이유는 크게 두 가지가
있다. 첫째는 대학의 재정적 이유이다. 학교 재정의
대부분을 등록금에 의지하다 보니 되도록 많은 수의 외국인
학생을 수용해야 한다. 재정적 이유가 사실 가장 현실적인
이유이다. 둘째는 대학의 학문적 명성을 위해서다. 다양한
외국의 우수한 학생을 많이 유치하는 것만으로도 대학의

위상은 올라간다. 외국 유학생의 비율이 높다는 것은 그만큼 국제적으로 대학의 위상이 높다는 것을 보여주기 때문이다.

대학이 유학생을 유치하는 것이 단지 재정 확보만을 위한 것이라면, 이보다 슬픈 일이 없다. 대학의 존재 이유는 창의적인 학문과 과학의 발전에 공헌하는 일이다. 이를 통해서 대학은 학문적 명성을 두고 경쟁을 하게 된다. 대학 구성원의 다양성이 확보되어야 대학에 역동성과 창의성이 흘러 넘친다. 이런 대학만 학문적 명성을 얻는다.

우리나라 대학들이 재정을 걱정하지 않고, 오직 학문적 명성을 얻기 위해서 유학생을 받는 날이 오기를 기대한다.

빌 게이츠의 이혼에
등장한 골동품

끊임없이 혁신적인 제품을 만들어 내야 하는 기업의 입장에서
생체 모방 기술은 매우 중요한 분야가 된 지 오래다.

빌 게이츠가 2021년에 이혼하면서 새롭게 주목받은
유물이 있다. 바로 '다빈치 노트'다. 빌 게이츠는 재산도
천문학적이지만 오랫동안 많은 예술품을 모은 것으로도
유명했다. 이혼 이슈가 불거지면서 세간의 관심은 빌
게이츠가 그동안 모아온 골동품에 모아졌다. '과연 그
수많은 골동품이 어떻게 분할될 것인가?'
빌 게이츠가 소장하고 있는 물품들은 한둘이 아니지만
'다빈치 노트'는 특히 관심을 받았다. 빌 게이츠는 자신이
결혼하던 해인 1994년에 다빈치 노트를 구입한다.
크리스티 경매를 통해서다. 금액은 3000만 달러, 우리
돈으로 400억 원 정도 된다. 노트는 72페이지 분량이다.
다빈치는 일생을 통해서 2만 페이지 이상의 노트를 남겼다.
현존하는 것은 7천 페이지 정도라고 한다. 이 방대한 노트는

세계 곳곳에 흩어져 있다. 그 조각 중에서 결코 많지 않은 분량인 72쪽짜리 분량을 빌 게이츠가 구입한 것이다.

이 다빈치 노트는 '코덱스 레스터(Codex Leicester)'라고 불린다. 72쪽에는 360개의 그림과 그 그림에 대한 설명이 기록되어 있다. 360개나 되는 스케치 중에서 특히 관심을 끄는 것은 비행기에 관한 것이다. 당연히 다빈치 시대에는 비행기가 없었다. 많은 사람이 하늘을 나는 꿈을 꾸었다. 하지만, 하늘을 나는 장치를 실제로 발명하려는 시도는 없었다. 다빈치는 다른 모든 사람이 하늘을 나는 꿈만 꾸던 시대에 이를 실현하기 위한 아이디어를 낸 것이다. 물론, 다빈치의 설계에 더 이상의 진전은 없었다. 설계한 대로 실제로 다빈치가 만들었다는 기록도 없다. 하지만, 그의 시도는 놀랍다. 아마도 인류 최초의 비행기에 대한 설계일 것이다. 다빈치는 어떻게 비행기를 설계할 수 있었을까? 단지 천재적인 상상력을 가지고 그린 것일까? 그렇지 않다. 아무리, 그가 상상력이 뛰어나고 물리학적 지식이 있다고 하더라도 비행기에 대한 설계를 완전히 창의적으로 할 수는 없었을 것이다.

다빈치의 스케치는 상상력에서 비롯한 것도 있지만, 대부분은 그의 관찰의 결과이다. 그는 비행기를 설계하기 위해서 새들을 관찰했다. 다빈치 노트를 보면 새의 구조에 대한 자세한 설명이 나온다. 비행기의 날개는 새의 날개를 닮았다. 그는 자연으로부터 아이디어를 얻었다.

기계적 원리를 바탕으로 비행기를 설계하려고 한 것이 아니다. 비행기는 기계적 장치이다. 사람이 탈 수 있는 비행기는 기계적으로 완벽하게 만들어져야 한다. 기계적 장치는 생물학적 지식과 직접적인 관련은 없다. 그렇기 때문에 대학의 기계공학과에서 생물학 과목을 가르치지 않는 것이다. 항공에 대한 연구를 하는 항공우주공학과에서도 생물학적 지식을 커리큘럼에 넣지 않고 있다.

빌 게이츠가 왜 다빈치 노트를 구입했는지는 알 수 없다. 단순히 투자 목적일 수도 있고, 골동품 수집이 자신의 취미일 수도 있다. 그 이유가 무엇이든지, 빌 게이츠는

'다빈치 노트'를 보면서 이런 생각이 들지 않았을까?

"닮고 싶다, 다빈치. 주변의 사소한 자연과 사물을 관찰하고 그것들로부터 영감을 얻는 능력을 닮고 싶다."

◆ ◆ ◆

생체 모방 기술이라는 분야가 있다. 생물의 움직임과 생존기술을 관찰해서 새로운 제품을 만드는 기술이다. 이미 많은 제품이 만들어졌고 앞으로는 더욱 많은 제품들이 생체 모방 기술을 통해서 탄생할 것으로 보인다. 다빈치가 설계한 비행기도 요즘 기술로 말하면 생체 모방 기술이 되는 것이다.

이 세상에 생명체만큼 완벽한 존재도 없다. 현재의 모든 생명체는 지금 시점에서 가장 발달된 형태로 살고 있다고 보아야 한다. 그들의 미세한 신체 구조, 움직임의 기저, 외관 등 모든 것들은 수만 년, 수십 만년 간 발달되어온 결과물이다. 생명체들이 진보해 온 시간에 비하면 인간이

기술을 발달시키기 위해서 보낸 시간은 실로 찰나에
불과하다.

후발 주자 기업이 빠르게 기술을 습득하는 방법은 이미
시장에서 성공한 기업의 기술 수준을 모방하는 것이다.
관찰하고 베끼는 것이 가장 안전하고 가장 빠른 길이다.
그런데, 그 성공한 기업이라는 것도 사실 길어야 몇십 년
앞서간 기업들일 뿐이다. 기껏 수십 년 앞서간 기업의
기술을 베끼는 것도 마다하지 않는 상황에서, 수만 년,
수십만 년 동안 발전되어 온 생명체를 벤치마킹 안 할
이유가 없다.

끊임없이 혁신적인 제품을 만들어 내야 하는 기업의
입장에서 생체 모방 기술은 매우 중요한 분야가 된 지
오래다. 생물체의 모양을 그대로 베끼기도 하고, 동물의
동작 원리를 제품에 응용하기도 한다. 융합적이고 복합적인
접근 없이 새로운 것을 만들어 내기는 어려운 시대가
되었다.

우리 주변만 둘러봐도 생물을 모방한 기술을 흔히 볼 수

있다. 건축물도 그중 하나다. 9호선 신논현 역에서 내리면
눈에 띄는 건물이 눈에 들어온다. 일반적인 콘크리트
건물과 달라서 신기해 보인다. 외관이 벌집구조를 연상케
한다. 건물 이름을 찾아보았더니 '어반 하이브'이다.
사전적으로 보면 '도시의 벌집' 정도가 될 것 같다. 실제로
건물 모양이 벌집 모양이니 그렇게 이름을 지은 듯하다.
이 건축물은 외관이 특이할 뿐만 아니라 건축구조학
적으로도 특이한 공법을 사용한 것으로 유명하다. 바로
그 벌집구조 때문이다. 건축학 용어로는 허니콤 구조(honey
comb)구조라고 한다. 벌집 구조가 구조학적으로 튼튼하다는
것은 생물학자들에 의해 이미 밝혀진 사실이다.
벌집은 수십 수백 개의 층으로 쌓여 있어서 그 수많은
방들이 튼튼하지 않으면 그토록 많은 방들이 유지될
수가 없다. 벌집 모양인 정육각형은 특히 위에서 아래로
누르는 힘이 강할 때 가장 잘 버텨내는 구조이다. 비행기나
인공위성을 만들 때에도 허니콤 구조를 응용한다고 한다.
비행기나 인공위성은 외부에서 엄청난 압력을 받게 되는데,

이러한 외부의 강한 압력을 버티기에 허니콤 구조가 가장 효과적이기 때문이다.

의료기기에도 생체모방이 이루어지고 있다. 대체로 주삿바늘은 공포스럽다. 너무 날카롭고 길다. 주사를 무서워하는 것은 남녀노소가 따로 없다. 그런데, 이러한 길고 날카로운 주삿바늘이 없는 주사가 있다면 믿어지는가? 패치 형태의 주사기가 그렇다. 피부에 반창고 붙이듯이 주사용 패치를 몸에 붙이면 주사 약물이 몸에 들어가게 된다고 하니 신기하다. 물론 피부를 침투하는 바늘이 있지만 이러한 바늘은 기존의 바늘에 비해서 보이지 않을 정도로 미세하여 보기에 공포스럽지 않다. 고통도 기존의 주삿바늘에 비해 현저히 줄어들었다고 한다. 이러한 주사 패치의 개발에도 생체 모방 기술이 활용되었다.

이 주사 패치는 독사의 어금니를 모방해서 만들어졌다. 독사에게 물리면 독사의 날카로운 어금니가 피부에 미세한 홈을 만들어 낸다. 독사의 독은 피부에 난 이 홈을 통해서 빠르게 피부 안쪽으로 흘러 들어간다. 또한 독사가 어금니로 다른 개체의 피부를 무는 순간, 외부의 또 다른 압력 없이도 독사의 독은 순식간에 개체의 몸에 주입이 되어 버린다. 마지막으로 독사의 어금니는 매우 가늘고 날카롭지만 튼튼해서 쉽게 부러지거나 손상되지 않는다. 그동안 주삿바늘이 사용된 이유는 피부의 튼튼한 각질을 뚫고 피부 안쪽으로 약물을 주입하는 방법이 바늘을 사용하는 방법밖에 없었기 때문이다. 새로운 주사 패치의 미세한 바늘은 아주 짧고 가늘지만 피부의 각질을 통과할 수 있다.

◆ ◆ ◆

하늘 아래 새로운 것은 없다고 한다. 모든 것은 모방을 통해서 새로워진다. 여기서의 모방은 그대로 베낀다는 말이 아니다. 약간의 변형을 주는 것이고, 적절하게 연결하고 참고하는 것이다. 그렇다면, 누가 창의적으로 모방을 잘할 수 있을까? 바로 연결을 잘 해내는 사람이다. 사람들 대부분은 관찰을 잘 한다. 그러나 관찰한 것과 지금 내가 고민하는 것을 연결해 내는 사람은 많지 않다. 결국, 연결 능력이 필요하다.

말의 네 발이 공중에
동시에 떠 있는 순간

호기심 많은 사람은 다르다. 무엇인가 한 가지에 빠지면
남들은 이해 못하는 지점에서 깊은 호기심이 발동한다.

달리는 말의 속도는 얼마나 될까? 보통 60~70km라고 한다.
자동차의 속도와 맞먹는다. 이렇게 빠르고 힘까지 좋으니
전쟁터에서 사용하기에 좋았을 것이다. 말은 자동차가
생기기 전에는 이동 수단으로 가장 흔하게 사용되었다. 말
타기는 이동 수단에서 승마라는 고급 스포츠로 발전한다.
유럽의 왕실과 귀족들은 승마를 그들의 신분을 상징하는
여가 수단이자 스포츠로 생각했다. 승마는 미국에서도
유행했다. 돈 많고 영향력 있는 미국의 상류층 사람들은
예나 지금이나 승마를 많이 즐긴다.
여기, 한 미국인의 승마에 대한 남다른 사랑이 중요한 기술
발전에 영향을 미친다. 이 미국인은 리랜드 스탠퍼드(Leland
Standford)이다. 스탠퍼드는 미국의 명문 사립대인 스탠퍼드

대학을 설립한 사람이다. 그는 캘리포니아 주지사를 지낸 정치인이기도 하지만 기본적으로는 사업가이다. 그는 미국의 대표적인 철도회사를 설립하여 큰돈을 번다. 당시 미국은 서부 개척이 활발하게 이루어지는 시대였기 때문에 철도 산업이 가장 크게 성장하는 산업이었다. 많은 당시의 부호들이 그런 것처럼, 스탠퍼드도 대륙 횡단 철도를 설치하면서 어마어마한 돈을 벌게 된다.

그는 당시 부호들이 그랬던 것처럼 승마를 취미로 즐겼다. 승마를 너무 좋아해서 캘리포니아에 큰 땅을 매입하여 말 목장을 운영하였다. 한 때 목장에서 키우는 말이 700마리나 되었다고 하니 그의 말에 대한 관심이 얼마나 컸는지 알 수 있다. 그는 시간이 날 때마다 승마를 즐겼을 뿐만 아니라 말 자체에 대한 관심도 많았다.

당시 승마를 좋아하는 많은 사람들이 궁금해하는 것이 있었다. 말의 동작과 관련된 것이다. 그것은 바로 "달리는 말이 네 발 모두가 공중에 떠 있는 순간이 있는가?"에 대한 물음이었다. 승마를 좋아하는 스탠퍼드도 당연히 이

물음에 대한 답을 찾고 싶었다. 지금 생각해보면 "그게 왜 궁금해." 라고 질문할 사람이 많을 것 같다. 하지만, 호기심 많은 사람은 다르다. 무엇인가 한 가지에 빠지면 남들은 이해하지 못 하는 지점에서 깊은 호기심이 발동한다. 스탠퍼드는 자신의 애마를 두 눈을 부릅뜨고 관찰하기 시작했다. 그렇지만, 달리는 말이 너무 빠르기 때문에 그 질문에 대한 답을 찾는 것은 불가능했다. 다만 상상할 따름이었다. 스탠퍼드는 확실히 알고 싶었다. 그래서, 착안한 것이 사진이었다. "사진으로 순간을 포착할 수 있다면 네 발이 공중에 뜨는 순간이 있는지 확인할 수 있지 않을까?"

스탠퍼드는 유명한 사진작가를 찾아 나섰다. 그리고 에드워드 마이브리지(Edward James Muggeridge)를 만났다. 스탠퍼드는 이 작가에게 자신의 궁금증을 설명하고 말의 동작을 촬영해 줄 것을 요청했다. 마이브리지의 승낙으로 이 프로젝트가 시작된다. 이것을 프로젝트라고 하는 이유는 이것이 그리 단순한 일이 아니었기 때문이다.

스탠퍼드가 마이브리지에게 말 촬영을 부탁한 것은 1872년이다. 이 때의 사진 기술은 지금 기준으로 보면 보면 아주 형편없었다. 그때의 기술로는 움직이는 동물을 촬영하는 것이 불가능했다. 셔터의 속도가 너무 느려서 움직이는 대상을 잡을 수 없었고 대상을 어찌어찌해서 잡는다 해도 뿌옇게 보여서 제대로 그 형체를 확인할 수 없었다. 그래서, 정지하고 있는 자연 풍경이나 건물들의 사진이 유행했다. 마이브리지도 당시에 정지된 풍경과 건물 사진을 잘 찍기로 유명한 사람이었다.

여기서 잠시, 사진 기술의 역사를 살펴보자. 역사적으로 사진이라는 것이 최초로 촬영된 것은 1826년이었다. 프랑스에서의 일이다. 조세프 니엡스라는 사람이 자기 집에서 집밖 풍경을 찍은 것이 최초 사진이라고 알려져 있다. 사진 제목은 '집 밖의 풍경'. 이 역사적인 한 장의 사진을 찍는 데 걸린 시간은 무려 8시간이었다. '집 밖의 풍경'이 촬영된 이후 사진 기술은 조금씩 발전해 나갔다. 하지만, 그 발전 속도는 더뎠다.

1839년에는 '거리 풍경'이라는 사진을 찍은 사진 작가가 나타났다. 높은 건물에서 수많은 사람과 마차가 지나다니는 번잡한 거리를 내려다보며 사진을 찍었다. 이 사진 속 풍경에는 큰 건물과 도로, 그리고 가로수가 찍혀 있었다. 그런데, 사진 속에 사람은 고작 두 명만 있었다. 거리에 있었던 수많은 사람은 다 어디 가고 두 명만 사진에 찍힌 것일까? 바로, 사진 기술의 한계 때문이었다. 수없이 지나다녔지만, 사진이 그 움직임을 잡아내지 못한 것이다. 움직이는 것을 잡아내지 못하는 이유는 사진의 셔터 스피드가 여전히 느리기 때문이었다. 노출 시간이 7분 이상이 필요했다는 건 7분 동안 움직이지 않는 대상만 사진에 잡힌다는 뜻이다. 그 거리에는 수많은 움직임이 있었지만, 7분 동안 움직이지 않은 사람은 두 명뿐이었다. 사진 속의 두 명은 7분 동안 움직이지 않았던 구두닦이와 그 손님이었다.

다시 스탠퍼드 이야기로 돌아오자. '거리 풍경'이 촬영된 것은 1839년이고, 스탠퍼드가 마이브리지에게 말을

촬영해달라고 한 것이 1872년의 일이다. 30여 년 이상의
차이가 있지만, 사진 기술의 발전은 그리 크지 않았다.
여전히 움직이는 물체의 촬영은 거의 불가능했던 것이다.
그럼에도 불구하고 스탠퍼드는 마이브리지에게 촬영을
요청했고, 촬영이 성공할 때까지 필요한 비용을 대기로
약속한다. **한 마니아의 집요한 호기심이 기술자와 만나면서 사진 기술이
한 단계 도약하는 계기를 만들어 낸 순간이다.**

마이브리지가 움직이는 말의 촬영을 시도한 지 7년이
지났다. 1879년이 되었다. 오랜 기술적 시도 끝에 드디어
달리는 말의 순간 동작을 포착하는 실험을 하게 된다. 이
역사적인 촬영 실험은 스탠퍼드의 목장에서 실시되었다.
당시 세간에 워낙 화제가 된 실험이라서 촬영장에는 수많은
기자들이 운집했다. 성공만 한다면 대서특필될 사건이었기
때문이다.

달리는 말이 공중에 뜬 순간을 잡아 내기 위해서는 복잡한
장치와 시설을 설치해야 했다. 마이브리지는 스탠퍼드의
도움을 받으면서, 목장의 트랙에 카메라 12대를 1.2m
간격으로 일렬로 배치했다. 카메라에는 1/1000초로

작동하는 셔터가 장착되어 있었다. 12개의 셔터에는 가느다란 줄을 연결하였다. 가로질러 쳐 놓은 그 줄을 달리는 말이 건드리면 셔터가 작동하게 만든 것이다. 이렇게 하여 12장의 순간 동작의 사진을 얻게 된다. 이 12장의 사진에는 각각 다른 말의 동작이 나타났는데, 12장의 사진 중 하나에 말의 네 발이 모두 공중에 뜬 사진이 있었다. 드디어, 말의 네 발이 공중에 떠 있는 순간이 있다는 사실이 사진으로 입증된 것이다.

공중에 떠 있을 때의 발의 모양도 화제가 되었다. 이전까지 사람들은 네 발 모두가 공중에 떠 있을 때의 모습을 이렇게 상상했다. "아마도, 앞의 두 발은 머리 쪽으로 향하고 뒤의 두 발은 꼬리 쪽으로 향할 것이다. 그것이 자연스럽다." 하지만 사진에서 확인한 발의 위치는 예상과 완전히 달랐다. 네 발이 모두 몸 안쪽으로 모아져 있었다. 마이브리지가 촬영한 12장의 사진은 움직이는 물체의 순간 동작을 촬영한 인류 최초의 사진이 되었다. 이 사진은 전 세계 사람들을 흥분시키기에 충분했다.

스탠퍼드는 말의 순간 동작을 촬영한 이후에도 계속해서

마이브리지를 지원한다. 처음에는 단순히 호기심에서
출발한 일이었는데, 이번의 성공이 생각보다 사회적으로
큰 반향을 일으켰기 때문이다. 마이브리지는 스탠퍼드의
지속적인 후원에 힘입어 연구와 시도를 거듭한다.
마이브리지는 카메라를 24대로 늘려서 움직이는
동작의 촬영을 시도했다. 카메라의 개수를 늘릴수록
좀 더 상세한 순간 동작을 잡아 놓을 수 있었다. 급기야
마이브리지는 동영상 촬영의 시초가 되는 기기를 발명한다.
주프락시스코프(Zoopraxiscope)라는 기기인데, 유리판의
가장자리에 연속으로 촬영된 동물의 모습을 붙인 다음에
이 유리판을 회전시키는 장치이다. 유리판을 회전시키면
동물의 움직임이 생생하게 재생된다. 이것이 인류 최초
영사기이다. 영사기는 에디슨이 최초로 발명한 것처럼
알려져 있으나 사실은 마이브리지에 의해 최초로 만들어
졌다.
마이브리지는 사진기술과 영사기의 발전에 획기적인
공헌을 한 사람이다. 하지만, 나는 여기서 스탠퍼드의
공헌에 더 주목한다. 마이브리지의 훌륭한 기술력은

스탠퍼드의 지원과 관심을 받으면서 그 빛을 발했다. 스탠퍼드의 호기심이 마이브리지의 연구의 출발점이 되었다. 스탠퍼드가 훌륭한 이유는 다른 사람들은 무심코 지나칠 수 있는 것에 집요한 관심을 가졌다는 것이다. 스탠퍼드는 정치인이기도 하고 학교도 세웠지만, 기본적으로는 사업가 출신이다. 사업가는 기본적으로 돈이 되는 곳에 시간과 돈을 투자한다. 사업은 스탠퍼드의 본업이었고 승마는 그의 취미였다. 사진기술의 발전은 그의 본업이 아닌 그의 취미 생활에서 비롯되었다. 돈이 많아서 가능했다고 할 수도 있지만, 돈과 시간이 있다고 해서 누구나 '의미 있는 업적'을 내는 것은 아니다. 돈 많이 쓰는 취미 생활을 즐기는 사람은 많지만, 누구나 '의미 있는 호기심'을 갖는 것은 아니다.

스탠퍼드의 말 목장은 나중에 스탠퍼드 대학의 학교 부지로 변했다. 스탠퍼드 대학은 세계적으로 창의성이 넘치는 학풍으로 유명해졌다. 학교의 전통은 설립자의 설립 정신과 철학에서 출발하기 마련이다. 스탠퍼드의 창의적 호기심이 그대로 학교의 전통으로 스며든 것은 아닐까?

라에톨리 화산재에 새겨진 인간 발자국의 비밀

역사적으로 중요한 발견이나 연구는
모두 사소한 단서로부터 시작된다.

화산 폭발은 무서운 자연 재해이다. 2010년에
인도네시아에서 큰 화산 폭발이 있었다. 이 영향으로
화산재가 유럽 전체에 퍼져서 한동안 유럽의 비행장이
전부 마비되기도 했다. 인도네시아 화산 폭발 이외에도
역사적으로 많은 화산 폭발이 있었다. 이로 인한 크고 작은
피해가 있었다.

그런데, 화산 폭발 흔적이 고고학 연구에 훌륭한 단서를
제공하기도 한다. 폼페이 화산 폭발이 한 사례이다. 폼페이
화산 폭발은 워낙 유명해서 영화로도 나왔다. 영화 〈폼페이:
최후의 날〉은 고대 로마 도시였던 폼페이가 화산 폭발로
사라졌다는 역사적 사실을 배경으로 한다. 폼페이는
실재했지만 오랜 시간 잊힌 도시였다. 화산 폭발로 그

흔적이 사라졌었기 때문이다. 땅 속에 잠들어 있던 이 도시가 세상에 나온 것은 1592년의 일이다. 운하 굴착 과정에서 우연히 도시의 흔적을 발견하게 된 것이다.

〈폼페이: 최후의 날〉에서 인상적인 장면은 엄청난 규모의 마그마가 도시를 덮치는 장면이다. 화산 폭발을 피하기 위해 달아나는 사람들을 마그마가 가차 없이 덮친다. 사람들은 마그마에 덮치면서 곧바로 굳어버린다. 사람 형체를 그대로 가지고서 말이다. 이런 일이 실제 상황에서도 일어났다. 실제 유물 발굴 과정에서 사람들의 화석이 많이 발견되었다. 특히, 대장장이의 집에서 발견된 몇 구의 화석은 너무 생생하게 사람의 형체를 그대로 보여주고 있었다. 초기의 발굴자들은 발견된 화석의 흔적들이 연구 측면에서 별로 중요하지 않다고 생각했다. 워낙 오래전에 발생한 사건이었기 때문이다. 사람의 형태가 남아있다고 한들 그 흔적에서 생물학적 연구가 가능하리라고는 별로 생각하지 않았다.

하지만, 몇몇 연구자들은 달랐다. 연구자들은 사람의

화석에서 DNA를 검출해 냈다. DNA를 가지고 많은 유전적 연구가 이루어졌다. 연구자들은 2000년 전의 인류에 대한 많은 가치 있는 진실을 밝혀냈다. 당시의 생물 다양성에 대한 과학적 사실을 발견하기도 했다.

역사적으로 중요한 발견이나 연구는 모두 사소한 단서로부터 시작된다. 무심코 보면 별것 아닌 것처럼 보이는 것이 누군가의 손을 거치면 대단한 발견이나 연구로 이어진다.

◆ ◆ ◆

폼페이 화산 폭발에 대한 연구를 뛰어 넘는 화산 폭발과 관련한 연구가 하나 더 있다. 탄자니아 화산 폭발을 기반으로 한 연구로, 이는 인류사에 획기적인 한 획을 그은 연구 사례이다. 탄자니아의 화산 폭발 흔적에서 인류사에서 매우 중요한 '라에톨리 발자국'이 발견되었다. '라에톨리 발자국'이 중요한 이유는 직립 보행한 최초 인류의 발자국이기 때문이다. 다시 말해, 인류는 350만 년 전부터 직립 보행을 시작했다는 사실이 입증된 것이다. 이 발견이 있기 전에는 인류가 언제부터 직립 보행을 시작했는지 알지를 못했다.

지금으로부터 350만 년 전 탄자니아의 라에톨리 사막에서 큰 화산 폭발이 있었다. 화산 폭발로 인해 해당 주변 지역은 완전히 황폐화되었다. 운 좋게 살아남은 동물들은 이 수렁을 오가면서 먹이를 구하러 다녔고 나아가 생존을 위해 이 지옥 같은 곳을 빠져나가려는 거대한 이동이 일어났다. 많은 동물들이 이동하면서 다양한 형태의 발자국이 수렁에 남았다. 많은 형태의 발자국 중에서 우리에게 매우 친숙해 보이는 발자국이 있었다. 처음에는 다른 동물들의 발자국으로 생각되었는데, 알고 보니 고대 인류의 발자국이었던 것이다. 고대 인류의 발자국은 무려 350만 년 동안이나 화산재 속에서 굳어져서 보존되어 있었다. 하마터면, 이 위대한 발견은 그냥 사장될 뻔했지만, 고고학적 지식이 전혀 없던 한 사진작가 덕분에 세상의

▲ 로버트 루트번스타인,
미셸 루트번스타인, 《생
각의 탄생》, 에코의서재,
2007.

빛을 볼 수 있게 되었다.▲

이 발자국을 처음 발견한 사람은 인류학자
매리 리키와 동료들이었다. 리키가 탐사팀을
조직해서 탐사를 시작한 당초의 목적은 인류의
발자국을 발견하기 위한 것이 아니었다. 탐사의
목적은 선사시대의 동물과 식물의 특성을
연구하기 위한 것이었다. 탐사팀은 1977년에
최초 탐사를 진행했고, 선사시대 동물의 흔적을
발견하기 위해 열심히 발굴작업을 하고 있었다.
그러다가 네 개의 발자국을 발견하게 된 것이다.
이 발자국은 사람의 발자국과 유사하게 보였다.
그렇지만, 사람의 발자국이라고 보기에는
밝혀내야 할 것이 많았다. 크기도 너무 컸고
모양도 완벽하지 않았기 때문이다. 탐사 팀
멤버들과 이 연구에 합세한 연구자들의 의견도
일치하지 않았다. 누구는 인류의 조상의
발자국이라는 사람도 있었고 다른 사람은

알려지지 않은 동물의 발자국이라고 주장했다. 무엇보다
발자국의 크기가 너무 크다는 데 의문이 있었다. 발자국이
무려 30센티미터나 되었던 것이다. 현재 사람의 기준으로
볼 때도 클 뿐만 아니라 그 때까지 알려진 인류의 조상의
발이 크기를 고려할 때도 너무 큰 크기였다. 이 크기에 대한
의문이 풀리지 않으면 이 발자국이 인류의 발자국이라고
결론을 내릴 수가 없었다. 인류가 어떻게 이렇게 큰
발자국을 남길 수 있었는지에 대한 설명이 필요했다.
연구의 결론이 나지 않은 상태에서 1년의 시간이 흘렀다.
그러다가, 예상하지 못한 사람이 연구에 큰 진전을 이루는
역할을 한다. 그 사람은 고고학자도 아니었고, 생물학자도
아니었다. 그는 바로 사진작가이면서 영화제작자인 앤러
루트라는 사람이었다. 루트는 리키 팀에서 연구의 보조적
협조자로 참여하고 있었다.
루트는 연구팀의 논의 자리에 잠시 참여를 하게 되었는데,
이 자리에서 영화적 상상력을 발휘하는 발언을 했다.
루트는 이렇게 말했다.

"어린 침팬지가 대장 침팬지를 뒤에서 따라가는 것을 관찰해 보면, 어린 침팬지는 앞서가는 대장 침팬지가 밟은 발자국을 그대로 다시 밟으면서 따라갑니다. 아마도 인류의 조상도 그러지 않았을까요? 그렇다면 발자국의 크기가 커진 것이 설명이 됩니다. 같은 발자국을 두 번 밟았으면 발자국이 커지는 것은 자연스러운 일입니다."

리키는 루트의 가설을 증명하기 위해서 실제로 실험을 해보았다. 앞사람이 진흙 위를 걸어가고 그 뒤를 따라가는 사람이

앞 사람의 발자국을 밟고 가는 방식이다. 실제로 이렇게 해보니 발자국이 30센티미터 이상으로 커졌다. 1년간 끌어온 묵은 숙제를 해결하는 순간었다.

탐사 팀장인 리키는 발자국 수수께끼가 풀리는 순간을 이렇게 말했다.

"그때까지 우리에게 나타날 기미조차 보이지 않던 빛나는 통찰이 갑자기 찾아왔다."

◆ ◆ ◆

사진작가인 루트의 상상력은 인류학의 위대한 발견에
공헌했다. 최초의 발견은 리키와 탐사팀의 몫이었다.
하지만, 결정적인 문제의 해결은 루트의 상상력과
조언이었다. 그의 기발한 가설이 연구자들과 탐사팀의
과학적 지식과 결합하면서 위대한 발견을 완성하게 한
것이다. 인류학과는 동떨어진 사진작가의 상상력이 놀라운
시너지를 낸 결과이다. 그의 상상력과 기발한 가설이
아니었다면, 리키의 발견은 지금까지도 미제 수수께끼로
남아 있었을지 모를 일이다.

사진작가인 루트가 문제 해결의 실마리를 제공했으니
루트는 창의성이 뛰어난 천재였던 것일까? 그렇지 않다.
그는 오히려 자신의 전문 분야에서 훈련을 받은 상상력을
그대로 발휘했을 뿐이었다. 루트는 특별하지 않다. 자신의
영역과 분야에 기초하여 자신의 생각을 말한 것뿐이다.
자기가 오래 몸담아온 분야에서 자신만의 통찰력으로 말을
하는 것은 누구나 할 수 있는 일이다.

중요한 것은 팀사팀의 리더인 리키의 태도와 방식이다.
루트를 연구의 논의 자리에 끌어들인 것은 리키다.
구성원의 다양성을 확대해서 결과적으로 창의적인 토양을
만들어냈던 것이다. 그리고, 루트에게 자유롭게 자신의 말을
할 수 있도록 기회를 주었다. 루트가 저명한 생물학자나
고고학자가 아니라고 해서 그의 아이디어를 무시하지
않았다.

기업의 사장님들은 항상 이런 고민을 한다. "왜 우리
회사 직원들은 창의성이 부족할까?" 정말 그럴까? 정말
창의성이 부족한 것이 개인의 탓일까? 그렇지 않을 가능성이 높다. 다만,
개인에게 창의적인 아이디어를 말할 기회가 주어지지 않았기 때문일 것이다.
개인에게 창의적인 아이디어를 시도해볼 기회가 주어지지 않았기 때문이다.
탐사팀의 리더인 리키처럼 직원들에게 발언할 기회를 주지
않았기 때문이다. 개인의 탓이 아니고 토양이 잘못되었기
때문이다. 아무리 건강한 씨앗도 토양이 안 좋으면 자랄 수
없다.

재야의 고수가
브리태니커 백과사전을 이겼다

오늘날 위대한 성과는
조직의 힘에서 비롯된다.

요즘도 어린이들이 위인전을 잘 읽는지는 모르겠다. 워낙
볼 것이 많아서 책도 잘 보지 않겠지만, 책을 본다 해도
위인전 같은 종류를 볼까 싶다. 내가 어렸을 때만 해도
위인전을 읽는 것은 기본이었다. 집에 읽을 책이 그것
이외에는 없었기 때문이기도 하다. 작은 책장에는 한국
위인전집도 수십 권이 있었고 세계 위인전도 수십 권이
있었다. 나에게 위인들은 모두 천재들이고 영웅들이었다.
나와는 다른 세계에 사는 범접할 수 없는 신비주의에 쌓여
있는 인물들이었다.

어린 나만 그렇게 생각했던 것은 아니다. 지금도 많은
사람들은 위대한 업적을 낸 사람들을 신비롭게 생각한다.
그들은 나와는 전혀 다른 세계의 사람이라고 생각하고

그들을 '천재'나 '영웅'으로 생각한다. 그렇게 생각하는 것은 어찌 보면 당연하다. 실제로 그들은 한 나라를 송두리째 바꾸어 놓거나 세계 역사를 뒤흔들어 놓은 사람들이 많기 때문이다. '천재'나 '영웅'이 아니고서야 어떻게 일개 개인이 그런 일을 할 수 있겠는가? **과거에는 실제로 소수의 천재나 영웅이 세상을 바꾸어 놓았다.** 세상을 바꾸는 힘이 일반 대중에게는 별로 없었다.

◆ ◆ ◆

뉴턴은 역사상 가장 위대한 과학자 중 하나이다. 그가 천재라는 것을 의심하는 사람은 없다. 워낙 위대한 과학적 업적을 많이 냈기 때문이다. 뉴턴 한 명이 정립한 고전 역학의 이론들은 현대 과학과 수학의 발전의 근간이 되었다. 한 학자가 그에게 그의 위대한 업적의 비결을 질문했을 때, 그는 단순히 "깊은 사색의 결과이다." 라고 겸손하게 답했다는 말이 있다. 하지만, 아무리 깊은 사색을 한다 하더라도 보통 사람이 그런 업적을 낼 수는 없다. 그가 천재였기에 가능한 일이었다.

케쿨레는 19세기에 활동한 천재적인 화학자이다. 그는 당시 화학계의 난제로 여겨졌던 벤젠이라는 물질의 분자구조를 밝혀냈다. 그런 그의 연구는 유기화학의 발전에 획기적인 발전을 이끈다. 그런데, 그의 업적이 워낙 크다 보니 그의 천재성에 얽힌 일화가 전해진다. 그의 꿈에 관한 것이다. 그는 연구결과를 발표하는 자리에서 이렇게 말했다고 한다. "어느 여름 날, 연구를 하던 중에 잠시 잠이 들었는데 이상한 꿈을 꾸었습니다. 꿈에서 고민거리였던 탄소 원자들이 일렬로 정렬하여 붙어서 움직였습니다. 그러더니, 뱀이 두 마리가 나타났습니다. 그 뱀들은 자신의 입으로 자신의 꼬리를 물더군요. 자신의 입으로 자신의 꼬리를 무니 몸이 원의 모양을 이루었습니다. 그러다가 놀라 깨어나고 말았습니다."

케쿨레는 그 꿈속에서 본 뱀의 원 모양이 연구에 영감을 주었다고 말했다. 꿈에서 힌트를 얻어서 벤젠의 분자구조를 밝혀냈다는 말이다. 실제로 벤젠의 구조는 원의 모양을 하고 있다.

참으로 우습지 않은가? 꿈에서 영감을 얻다니. 하지만, 당시 사람들은 그의 꿈이야기를 믿어 주었다고 한다. 케쿨레는 천재이니 꿈에서 영감을 얻을 만하다고 생각한 것이다. 어디에서 얻든 영감을 얻는다는 것은 천재의 몫이다. 평범한 사람이 꿈에서 영감을 얻었다면 "별 헛소리를 다 하네."라는 소리를 듣지 않을까? 이런 이야기들이 사람들 사이에서 화제가 되었다는 사실 자체가 그 당시 사람들에게 천재에 대한 경외감 같은 것이 있었다는 것을 보여준다.

지금도 사람들이 그렇게 천재들에 관심이 많을까? 조금 변한 것이 사실이다. 지금도 여전히 세상을 움직이는 사람들이 있지만, 그들을 천재라고 과도하게 추켜세우거나 신비한 존재로 여기지는 않는다. 위대한 성과를 바라보는 시선이 좀 바뀐 것이다. "너나 나나 다르면 얼마나 다르냐?"라는 생각들을 과거보다 많이 하고 있다.

천재를 바라보는 사람들의 인식도 변했지만, 실제로 세상을 발전시키는 동력도 많이 변했다. 세상을 변화시키는 위대한 성과들은 특정한 개인보다는 집단이나 조직에 의해 달성되는 경우가 더 많아졌다. 성과를 내는 시스템이 바뀌었기 때문이다. 과거는 특정한 과학자, 정치가, 군인들이 세상을 바꾸었지만, 지금은 세상을 바꾸는 것이 기업가인 경우가 더 많다. 기업을 움직이는 것은 개인이 아니고 조직이다.

과거에는 기업가들이 세상에 미치는 영향이 미미했다. 존재 자체도 별로 없었고 존경을 받지도 못했다. 우리나라만 '사농공상'이라고 해서 천대받은 것이 아니다. 유럽도 별반 다르지 않았다. 산업혁명 이전 시기만 해도 상공업에 종사하는 사람은 크게 대우받지 못했다. 그런데, 지금은 위대한 기업가들이 정치가, 군인, 과학자보다 세상에 크게 영향을 끼친다. 존경과 부러움은 성공한 기업가들의 몫이다. 그런데, 이 기업가들의 성과는 개인의 역량이기도 하지만, 사실은 그가 이끄는 조직의 종합적인 성과라고 보아야 한다. 기업이 위대한 성과를 냈다고 해서 그 기업가를 천재라고 하지는 않는다. 그냥 '훌륭한 통찰력, 실력, 운을 가진 사람'이라고 생각할 뿐이다. 그리고, 설사 천재적인 과학자가 있다고 하더라도 기업가의 자본과 조직의 도움을 받지 않고는 독립적으로 성과를 낼 수가 없는 시대이다. 오늘날 위대한 성과는 조직의 힘에서 비롯된다. 천재적인 개인의 힘에서 비롯되는 시대가 아니다.

◆ ◆ ◆

나는 블로그에 글을 쓴다. 한번은 '메디치 효과'에 대한 글을 쓰려고 했다. 이 글에서 르네상스와 마키아밸리를 언급하고 싶었다. 그런데, 아는 게 별로 없었다. 나는 온라인 위키백과를 이용했다. 몇 년 전이었다면 알고 싶은 정보를 찾기 위해 남들이 써 놓은 블로그나 네이버 지식인 등을 참조했을 것이다. 위키백과에서는 과거 백과사전 수준 이상의 상세한 정보들을 볼 수 있었다. 정보가 너무 상세해서 무엇을 취사 선택해야 하는지 고민해야 했다.

덕분에 별 어려움 없이 칼럼 하나를 완성했다. 위키백과가 없었으면 출처도 불분명하고 내용도 허접한 블로그 글을 헤매고 돌아다녔을 것이다.

위키백과, 즉 위키피디아(wikipedia)는 2001년에 생겼다. 지미 웨일스란 사람에 의해서다. 위키피디아에서 위키(wiki)는 참여형 웹사이트 기술을 의미하고 피디아(pedia)는 백과사전이라는 뜻이다. 합쳐서 '참여형 백과사전' 정도의 뜻을 의미한다고 볼 수 있다. 위키백과와 비슷한 기능을 갖는 다양한 위키들이 있는데, 한국에서는 나무 위키가 대표적이다. 두 위키는 모두 사용자들의 편집 기능 면에서 장단점을 가지고 있는데, 위키백과가 보다 자유롭다고 알려져 있다.

위키백과의 가장 큰 장점은 방대한 정보와 빠른 업데이트이다. 이것이 가능한 것은 누구나 편집을 할 수 있도록 해 놓았기 때문이다. 나도 최근에 위키백과 계정 등록을 했다. 계정등록을 하고 로그인을 하면 '사용자'가 된다. 사용자는 언제든지 위키백과에 새로운 문서를

만들거나 만들어진 문서를 수정할 수 있다. 계정 등록을
하면 내 홈페이지가 만들어 지는데 첫 페이지에 이런
안내문이 나온다.

"위키백과는 익명의 인터넷 사용자와 대가 없이 공동
작성합니다. 문서를 훼손하지 못하게 편집을 제한한
경우를 제외하고 인터넷을 이용하는 누구나 위키백과
항목을 쓰거나 수정할 수 있습니다. 사용자는 익명으로든
필명으로든 자의로 기여할 수 있습니다. 위키백과는 책으로
된 백과사전과 달리 실시간으로 편집됩니다. 위키백과의
문서는 끊임없이 새로 만들어지고 갱신되므로 역사적
사건에 관한 항목은 수분 내에 생성됩니다."

나는 위키백과에 계정 등록을 함으로써 세계적인 온라인
백과사전의 편집자 중 한 명이 되었다. 나는 박사도 아니고
천재도 아니지만, 조금만 노력하면 나의 지식과 정보를
위키백과에 업데이트할 수 있게 되었다. 다른 사람들은
내가 업데이트한 정보를 보고 활용할 것이다. 얼마나
재미있고 흥미로운 일인가?

이처럼 전세계의 일반 대중을 편집자로 사용하다 보니 그

수록 내용이 방대한 것은 당연하다. 수록 항목이 600만 건이 넘는다고 한다. 한마디로 세상의 모든 정보는 모두 위키백과에 있다고 보면 된다. 사용되는 언어도 200개 이상이라고 하니 이 세상 대부분의 언어로 만들어진 백과사전이라고 해도 과언이 아니다.

◆ ◆ ◆

위키백과에서 제일 중요한 것이 편집 기능이다. 편집 히스토리를 하나도 빠짐없이 기록해서 남겨둔다. '역사보기' 기능이 그것이다. 모든 편집 히스토리가 하나도 빠짐없이 '역사보기'에 남아있다. 누가 언제 어떤 수정을 했는지가 모두 기록에 남아 있다. 예를 들어, '마키아밸리'를 검색해서 '역사보기'를 살펴보면 이런 기록을 확인할 수 있다. '마키아밸리'에 대한 첫 편집은 2004년 10월 23일 9:20에 이루어졌고 마지막 편집은 2023년 2월 2일 10:49에 이루어졌다. 첫 문서 등재 이후 지금까지 262번의 편집이 이루어졌고, 지금까지 편집에 참여한 사람이 118명이었다. 그리고, 편집자 닉네임도 나온다. 이 정도 관리되는 것을 보면 위키백과의 업데이트 기능을 믿을 만하지 않은가? 지금은 위키백과가 매우 강력한 백과사전 기능을 하지만, 과거에는 브리태니커가 가장 저명한 백과사전이었다.

브리태니커 백과사전은 1768년에 영국에서 처음 발간되었다. 그 이후로 200년 가까이 세계에서 가장 방대하고 가장 명성이 높은 백과사전이었다. 1901년부터는 미국으로 판권이 넘어갔는데, 미국에서 한동안 거의 모든 중산층 가정의 필수 백과사전이 되었다. 그러다가 2012년에 인기가 없어지자 인쇄본 생산을 중단하게 된다. 브리태니커의 집필 방식은 위키백과와는 완전히 다르다. 브리태니커의 편집에 참여하는 사람은 모두 해당 분야에 박사학위를 소지한 전문가 집단이다. 1,500명 이상이 참여했다고 한다. 브리태니커는 인쇄본 백과사전 중에서는 가장 방대한 12만 항목 이상의 정보를 담고 있다. 하지만, 위키백과의 600만 항목과 비교하면 너무 작아 보인다.

600만 대 12만이라니 비교 자체가 되지 않는다.

브리태니커 한글판도 국내에서 발간했었다. 1995년에 웅진출판에서 발간했는데 가격이 어마어마하다. 당시 150만 원에 판매가 되었다고 하니 부유층이 아니면 살 수 없는 가격이었다. 지금도 볼 수는 있는데 국회도서관이나 국립중앙도서관이나 가야 빌려볼 수 있다. 귀한 몸이 되었다. 아니, 유물이라고 해야 할지도 모른다.

1,500명의 박사급 전문가가 참여한 백과사전은 이제는 별로 찾는 사람이 없는 신세가 되어버렸다. 하지만, 비전문가인 일반 대중이 참여하는 위키백과는 전 세계 사람이 매일 이용한다. 이러한 현상이 상징하는 것은 무엇일까?

소수의 전문가가 정보를 움켜쥐고 독점하던 시대는 완전히 지나갔다. 일반 대중의 집단 지식이 세상을 움직이는 시대가 되었다. 천재도 아니고 박사도 아닌 일반인들의 집단 지식이 큰 성과를 내는 시대가 된 것이다. 집단의 다양한 지식이 모여서 서로 검증을 하기도 하고 시너지도 내는 집단 지성의 시대이다.

연상의 장벽을 넘어서는 비결

외부 환경의 압력과 자극이 없었다면,
내 속에 숨어 있던 미각을 찾아내지 못했을 것이다.

"오늘 점심은 뭐 먹지?" 모든 직장인의 현실 고민이다. 나도
마찬가지였다. 점심 먹는 낙에 회사를 가기도 하지만, 매일
점심 메뉴를 고르는 것은 스트레스이기도 하다. 그래서,
나는 항상 먹던 것만 먹었다. 김치찌개, 부대찌개 같은 찌개
종류가 거의 대부분의 점심 메뉴였다.

한번은 회사 주변에 싸고 좋은 레스토랑이 생겼다고 해서
직원들과 함께 갔다. 베트남 식당이었다. 꽤 오래전 일로,
당시만 해도 베트남 식당은 생소했다. 메뉴를 살펴보다
국수를 좋아하는 나는 베트남 칼국수를 시켰다. 그러나
먹을 수 없었다. 향신료 냄새가 역했기 때문이다. 돈만
날렸다. 그 이후로 다른 직원들은 가끔 베트남 식당을
갔지만 나는 그때마다 다른 식당으로 갔다. 별로 내키지
않았기 때문이다. 그러다가, 억지로 베트남 식당에 다시

가게 되는 계기가 생겼다. 베트남 음식을 좋아하게 된
아내가 같이 가자고 한 것이다. 내가 싫다고 해도 한사코
데리고 갔다. 같은 베트남 칼국수 메뉴를 시켜 먹었는데,
이상하게도 이전처럼 역한 냄새가 심하게 나지 않았다.
조금 먹다 보니 시원하고 얼큰한 느낌마저 들었다. 이 경험
이후로 나는 베트남 칼국수를 아주 즐기게 되었다. 해장국
대신으로 찾을 정도로.

처음에는 거들떠보지도 않다가 나중에 기호 음식이 된 것이
하나 더 있다. 홍어삼합이다. 홍어의 역한 냄새는 정말 참을
수가 없었다. 그러다가, 어쩔 수 없이 먹어야 하는 계기가
생겼다. 회사를 이직했을 때다. 이직하고 나서 며칠 후에
입사를 환영하는 회식이 있었다. 그때 메뉴로 홍어삼합이
결정되었다. 상사인 인사담당 상무가 홍어삼합 애호가였기
때문이다. 첫 회식에서 상사가 권하는 메뉴를 사양할
정도로 내가 용감하지는 않다. 술과 함께 안주 삼아 몇 점을
먹었다. 처음에는 정말 겁이 났지만, 술기운인지 아니면
맛에 익숙해진 건지 생각보다 그렇게 역겹지는 않았다.

그날 이후, 몇 차례 홍어삼합을 먹으러 다녔고 어느덧 좋아하는 안줏거리가 되었다.

나는 베트남 칼국수도 싫어했고 홍어삼합도 싫어했다. 아내와 상사의 무언의 압력이 없었다면 나는 지금까지 그 음식들을 쳐다보지도 않았을 것이다. 굳이 역겨움을 참아가며 싫어하는 음식을 먹어볼 이유가 없다. 외부 환경의 압력과 자극이 없었다면, 내 속에 숨어 있던 미각을 찾아내지 못했을 것이다.

일상에서 이런 일은 너무 많다. "나의 행동과 생각이 언제 변해왔는가?"를 가만히 생각해 보면, 외부의 환경이 변했을 때였음을 금방 알 수 있다.

낯선 행동을 하기 위해서는 주변의 다른 자극이 필요하다. 사람은 주위에서 자극이 오면 그에 대해 적절히 반응한다. 반응이 곧 행동이다. 주변에서 다른 자극을 주면 다른 반응 즉 다른 행동을 하는 것이다. **많은 경우에 주변의 의미 있는 자극이 의미 있는 낯선 행동을 이끌어낸다. 그 낯선 행동이 생각지 못한 좋은 결과를 가져올 때가 많다.**

◆ ◆ ◆

창의성이란 무엇일까? 창의성의 본질은 이전에 안 하던 일을 하는 것이다. 창의적으로 하기 위해서는 뭔가 달라야 한다. 생각이 다르던 행동이 달라야 한다. 그런데, 그렇게 하기가 힘들다. 안 하던 생각을 하거나 안 하던 행동을 하기는 말처럼 쉽지 않다. 몹시 불편하기도 하고 에너지가 더 필요하기도 하다. 그래서, 개인이 창의적으로 일하기가 힘들어진다. 창의적인 행동을 개인의 능력에만 맡기면 안 되는 이유이다.

'연상 작용'이라는 심리학 용어가 있다. 사람들은 자신의 경험과 지식 안에서만 연상을 한다. 그리고 그 연상을 바탕으로 현재의 문제를 바라본다. 그 연상의 틀 안에서 문제의 해결책을 찾으려고 하고 그 연상의 틀 안에서 결론을 내려 버린다. 연상의 틀이 견고할수록 창의성은 떨어진다. 그래서, 창의성의 최대의 적은 연상 작용이다. 이러한 연상 작용을 약화시키지 않으면 창의적인 생각을 할 수 없다. 연상 작용을 약화시키기 위해서는 외부 환경을 바꾸거나 전과 다른 경험을 의도적으로 해야 한다.

내가 특급호텔에서 인사책임자로 일할 때의 경험이다. 이 호텔은 전 세계적으로 수십 개의 럭셔리 호텔을 보유한 글로벌 호텔브랜드이다. 이 호텔의 총주방장은 독일 사람으로 나이는 나보다 조금 많았는데, 성격도 털털하고 업무상 같이 일할 것도 많아 친하게 지냈다.

그는 무척 실력 있는 셰프이다. 호텔의 모든 F&B(Food & Beverage) 부문의 책임자로 모든 레스토랑, 뷔페, 카페, 주류를 총괄했다. 그가 셰프로서 가진 최고의 강점은 퓨전 메뉴 개발이다. 국가별 메인 요리에 다른 문화권의 레시피를 적절히 가미해서 새로운 메뉴를 개발해 내는 실력이 탁월했다. 어떤 길을 걸어왔기에 이같은 능력을 가지게 된 것일까?

그는 20대 초반의 나이에 독일의 작은 호텔에서 베이커리 담당으로 일을 시작했다. 수년간 베이커리에서 빵을 굽던 그는 글로벌 호텔 체인으로 자리를 옮기면서 경력 전환의 전기를 맞이한다. 프렌치 레스토랑의 말단 셰프로

새로운 경력을 시작한 것이다. 쉽지 않은 일이었고 사례도 거의 없는 일이었다. 자칫하면, 경력이 이도 저도 아닌 상황이 될 수도 있는 일이었다. 하지만, 수년의 수련과 노력으로 어엿한 프렌치 레스토랑 셰프로 자리를 잡는다. 그 다음에도 그의 경력 확장을 위한 글로벌한 도전은 계속되었다. 현재의 특급호텔로 다시 한번 전직을 하면서 다양한 국가에서 경험을 쌓기 시작한 것이다. 그가 근무한 국가는 이탈리아, 스페인, 일본, 싱가포르, 베트남 등 실로 다양하다. 각 국가에서 근무할 때마다 그 국가의 특유의 재료를 이용해야 했고 다양한 사람들의 기호에 맞는 메뉴를 개발해야 했다. 결코 쉬운 일이 아니었지만, 그는 이러한 도전을 이어가며 남들은 얻지 못할 경험을 축적했다. 그 결과, 다른 사람이 흉내 낼 수 없는 세계적인 퓨전 요리를 선보일 수 있게 되었다.

한번은 그에게 이런 질문을 던졌다. "당신의 탁월한 메뉴 개발 능력은 어디에서 나오는 겁니까?" 그러자 그는 이러한 의미를 담아 답해주었다. "글로벌 호텔 체인의 셰프에게 중요한 것은 다양한 기호를 경험하는 것입니다. 각 국가에서 다양한 도전과 자극을 받았지요. 힘들었지만, 그런 자극에 적응하면서 자연스럽게 다양한 시도를 할 수밖에 없었어요. 내가 만약 한 곳에만 있었다면 할 수 없는 일이지요."

그 독일 총주방장의 창의성 비결은 다양한 요리 문화권을 경험한 것이다. 다양한 문화권의 경험은 특정한 요리에서 오는 고정적인 '연상 작용'을 약화시켰다. 만약에 그가 독일을 벗어나지 못하고 베이커리에서만 경험을 쌓았다면, 한 가지 경험에서 오는 연상 작용이라는 한계에서 벗어날 수 없었을 것이다.

헨리 포드가
소 도살장에 가서 본 것

도축업과 자동차산업은 완전히 다른 산업이다.
하지만, 생산이라는 기능 자체는 비슷한 원리로 작동된다.

"소나 돼지 키울 땅을 공짜로 주겠다."

1863년 미국이 서부의 땅을 무상으로 제공하는

홈스테드 법(Homestead)을 공포했다. 이 법이

만들어지자 가난한 유럽 사람들이 대거

미국행을 택했다. 이전까지도 많은 유럽인들이

미국으로 이민을 왔지만 이 법의 시행으로

이민자의 수는 기하급수적으로 증가했다. 당시

미국의 인구증가율이 30%가 넘었는데 대부분

유럽에서 유입된 사람들이었다.▲

미국은 하루아침에 유럽인이 동경하는 나라가

되어 버렸다. 미국은 '누구나 소고기를 먹을 수

있는 나라'로 인식되기 시작했다. 당시 유럽은

▲ 신문은, "도축장서 영감 얻은 포드, 세계 첫 대량생산 시스템 만들었죠", 조선일보, 2020.06.05. https://newsteacher.chosun.com/site/data/html_dir/2020/06/04/2020060400405.html

소나 돼지에 전염병이 돌아 고기 가격이 급등하고 있었다. 미국은 당시 목축업이 발달되어 있었고 소나 돼지에 전염병 같은 것들도 돌고 있지 않았다. 그러니 가격도 저렴했다. 미국이 이렇게 좋은 점이 많으니 유럽인들이 미국으로 향하는 것은 당연했다.

미국에 목축업이 발전하면서 자연스럽게 도축장이 곳곳에 건설되었다. 도축장은 소고기의 대량 공급을 위해 도축 기술을 발전시켰다. 대소가 대량 사육이 되면서 소규모 도축장에서는 대량 도축을 하는 데 한계가 생겼기 때문이다. 대량 도축을 위한 갖가지 아이디어가 우후죽순으로 생기며 동원되었다. 그 결과로 이때 세워지기 시작한 대규모 도축장은 체계적인 도축 프로세스를 새롭게 도입했다. 새로운 도축 프로세스는 급속히 표준화되기 시작했다. 모든 대규모 도축장들은 도살, 분해, 분류, 측정, 포장 순서로 진행되는 표준화 프로세스를 적용하기 시작했다.

그런데, 표준화된 대량 도축 시스템이 자동차의 생산

시스템에 지대한 영향을 미치는 사건이 발생한다.

당시에는 자동차 생산시스템이 도축장 도축 시스템만도 못했다. 이때 자동차 산업의 선각자가 나타났다. 헨리 포드(Henry Ford)이다. 그는 포드 자동차의 설립자다. 그는 우연히 시카고에 있는 대형 도축장을 방문한다. 포드는 주먹구구식으로 도축하리라 생각했고 큰 기대를 하지 않았다. 그러나 이는 포드의 착각이었다. 놀라운 광경을 목격했기 때문이다. 도축장은 마치 대규모 공장처럼 꾸며져 있었다. 도축 프로세스별로 공간이 분명히 구분되어 있었고, 구분되어 있는 공간에는 숙련된 기술자들이 일렬로 배치되어 있었다. 숙련된 노동자들은 자기의 자리를 떠나지 않았다. 도살, 분해, 분류, 측정, 포장이라는 과정은 물 흐르듯 흘러갔다. 헨리 포드는 도축 과정을 보면서 자신의 공장에도 이 같은 표준화 프로세스를 도입하기로 결심한다. 당시 뉴욕을 비롯한 도시의 자동차 수요는 급증하고 있었다. 하지만, 포드를 포함한 몇 개의 자동차 회사는 늘어나는 자동차 수요를 충족할 정도로 생산량을 늘리지

못하고 있었다. 자동차 제작 과정은 표준화되어 있지
않았고, 자동차 한 대를 생산하기 위해 수십 명이 근로자가
동시에 달려들어서 조립을 하는 비효율적인 방식을
유지하고 있었다.

포드는 도축장에서 돌아와 생산 공정을 다시 설계하기
시작한다. 포드는 소 해체 작업을 참고해서 자동차
조립과정을 일렬로 나열했다. 과정을 세분화하여 가장 작은
부품부터 조립해 나가도록 했다. 가장 작은 부품은 점점 더
큰 완성 부품으로 조립되었고 기능별로 완성된 부품들이
모여서 완성차가 되도록 한 것이다. 이러한 일련의 과정은
하나의 라인 벨트 위에서 이루어지도록 했다. 노동자들은
그저 제자리를 지키면서 단순한 업무를 반복했을 뿐이지만
그만큼 효율은 올라갔다. 대량 생산의 원리가 비로소
적용되기 시작한 것이다. 생산량은 몇 년 사이 10배 이상
급증했다.

이러한 프로세스가 그 유명한 컨베이어 시스템이다.
헨리 포드는 이 시스템을 도입하면서 현대적 경영관리의

개척자로 이름을 날리게 된다. 현대식 경영의 시작을
알리는 과학적 관리법이 도축업에서 힌트를 얻어서
발전했다는 사실이 흥미롭다.

도축장과 자동차 산업은 아무런 연관이 없는 산업이다.
경제적인 부침을 함께하는 산업은 더더욱 아니다. 산업
모델 자체도 다르고 생산 과정도 다르다. 소비자도 다르다.

하지만, **이러한 도축시스템이 자동차 산업의 혁신을 가져온 것이다. 이후,
포드의 컨베이어 시스템은 거의 전 산업의 표준 생산시스템으로 번져 나갔다.**

◆ ◆ ◆

인사시스템을 전면적으로 손을 보고 싶어 하는 A, B 두
회사가 있다. 이 두 회사는 모두 지금까지의 연공중심의
인사제도를 성과 중심의 인사제도로 바꾸고 싶다. 문제는
현재의 인사팀장의 실력이 영 탐탁치 않다는 것이다.
그래서, 새로운 인사팀장을 임명하고자 한다. 인사팀 직원들
중에는 팀장을 시킬 만한 사람이 없다. 각각의 회사의
사장은 같은 문제에 처해 있는데, 인사팀장을 임명하는

방식은 다르다.

먼저 A회사의 사장은 다른 부서에서 일 잘하는 팀장을 인사팀장으로 인사 이동시킨다. 예를 들어, 기획능력도 있고 영업 성과도 아주 좋은 영업팀장을 인사팀으로 보내는 것이다. 일반적인 기업들은 이렇게 인사 이동하는 경우가 참 많다. 사장은 기존의 영업팀장의 장단점을 잘 알고 있다. 영업팀장도 회사에 대한 이해도가 높다. 그래서, 사장은 영업팀장이 인사팀장으로서 역할을 잘 할 수 있을 것이라고 믿는다.

그런데, 이것은 좋은 방법이 아니다. 물론 이러한 인사 이동이 성공을 거두는 경우도 있지만, 흔치 않다. 혁신적인 기업 중에서 이런 식으로 인사하는 기업은 거의 없다. 훌륭한 영업팀장은 영업에서 계속 키워서 성과를 내도록 해야 한다고 생각한다. 나중에 영업담당 임원으로 키우는 것이 훨씬 기업에 도움이 된다고 생각한다. 그리고, 무엇보다도 영업에서 일을 잘한다고 해서 인사에서 일을 잘한다고 생각하는 것 자체가 잘못되었다고 생각한다.

영업은 영업대로 전문적인 영역이고 인사는 인사대로 전문적인 영역이다. 훌륭한 영업팀장을 키우는데 10년 이상이 걸리듯이 훌륭한 인사팀장 역할을 하기 위해서는 인사 영역에서 10년 이상 일을 했어야 한다. 10년 이상 영업을 한 영업팀장이 인사 영역에서 전문적인 역할을 할 수도 없을 뿐만 아니라 새로운 시스템을 도입할 아이디어가 나올 수도 없다.

A회사 사장이 영업팀장을 인사팀장으로 이동시키는 가장 큰 이유는 그가 익숙한 사람이기 때문이다. 사장이 하는 말을 잘 알아들을 것이고 회사의 다른 직원들도 잘 알기 때문이다. 이러한 익숙함이 일을 잘할 수 있을 것이라는 착각으로 다가온 것이다. 영업팀장 또한 인사라는 전문성은 전혀 없는 상태에서 관계로만 일을 처리하려 할 것이다. 그런데, 서로 관계가 편안할지는 몰라도 그게 전부이다.

반면, B회사의 사장은 A회사의 사장과는 달리 진정한 다양성을 갖춘 인사팀장을 채용한다. 다른 산업 출신의 인사팀장을 경력사원으로 채용한 것이다. 거의 대부분의 혁신적인 글로벌 기업들은 이 방법을 택한다. 인사팀 내부에서 승진시킬 직원이 없으면 반드시 외부에서 채용한다. 영업팀장을 인사팀장으로 이동시키지 않는다. 왜 이렇게 할까? 다른 산업 출신의 인사팀장을 채용하는 것이 조직의 다양성을 확대시킨다고 보기 때문이다. 다른 산업에서 일한 사람은 우리 회사에 대한 이해가 부족할 것이다. 산업이 다르므로 우리 회사 상품이나 조직에 대해 이해하는 데 몇 달이 걸릴 것이다. 하지만, 대부분 몇 달이 지나면 인사팀장 역할을 하는 데 별문제가 되지 않는다. 그다음부터는 되려 다음부터는 새로운 시각의 인사시스템의 도입이 가속화될 수 있다. 새로운 인사팀장은 과거 회사의 경험과 현재 회사의 문제점을 적절히 조합하여 새로운 아이디어를 내게 된다. 2배의 아이디어가 나올 수가 있다.

창의성에 필요한 다양성은 이일 저일 상관없는 직무를 다양하게 접해 본 경우를 말하는 것이 아니다. 창의성에서 필요한 다양성은 동일한 직무 분야를 계속적으로 하되 다양한 환경에서 다양한 문제해결을 해 본 것을 의미한다.

◆ ◆ ◆

헨리 포드가 도축업 생산 라인에서 자동차의 생산 시스템의 아이디어를 얻을 수 있었던 이유는 무엇일까? 포드가 생산 시스템의 전문가였기 때문이다. 포드가 생산 전문가가 아니었다면 도축 시스템을 보았다고 해도 아무런 감흥을 얻지 못했을 것이다. 포드는 자나 깨나 자동차의 생산 시스템을 개선하기 위한 여러 가지 노력을 기울여 왔다. 생산 프로세스를 바꿔 보기도 하고 인력 배치에 변화를 주기도 했다. 생산 라인의 직원들의 교육에 시간을 쏟기도 했다. 다른 회사의 생산라인을 견학하기도 했다. 그러면서, 약간의 개선을 이루기도 했고 실패를 해보기도 했다. 머릿속으로 온통 생산 과정만 생각하고 있는 상태에서 도축 라인을 보았다. 포드의 눈에는 도축 라인이 생산 라인으로 보였다.

포드가 만약에 자신의 회사에서 나오지 않고 끙끙거리면서 고민만 하고 있었다면 과연 신선한 아이디어와 통찰을 얻을 수 있었을까? 아마도 어려웠을지 모른다.

도축업과 자동차산업은 완전히 다른 산업이다. 하지만, 생산이라는 기능 자체는 비슷한 원리로 작동된다. 생산의 효율을 향상시키는 원리가 비슷하다는 것이다. 도축업의 컨베이어 방식은 포드를 만나 자동차 생산을 위한 컨베이어 방식으로 발전할 수 있었다.

피아노 음계를 발명한
피타고라스

왜 오늘은 소리가 아름답지?
왜 같은 쇠 덩어리를 두드리는데, 다른 소리가 만들어지는 걸까?

늦었지만 취미 하나를 만들고 싶어 기타를 배우기
시작했다. 처음에는 유튜브에서 기타 강습을 가르치는
콘텐츠를 보았는데, 곧 기타 학원에 두 달 등록을 했다.
확실히 직접 전문 강사에게 배우니 실감도 나고 재미도
있다. 학원을 가 보니 젊은 학생들만 수강을 하는 줄
알았는데, 간혹 내 나이 또래 사람들도 있었다. 학원
원장의 말을 들어 보니, 수강생들끼리 자주 모여서 친목을
다지기도 하고 밴드활동을 하기도 한다고 한다.
악기를 다루면 기분이 좋아진다. 단순히 음악을 듣기만
하는 것과는 차원이 다르다. 악기를 다루는 적당한
움직임도 좋고, 한 곡을 다 마치면 묘한 성취감 같은 것도
느껴서 좋다. 그런데, 악기를 다루면 기분도 좋아지는 것

이외에 다른 효과도 있다고 한다.

"피아노를 잘 치면 수학을 잘하게 된다." 이런 통설을 들은 적이 있는가? 아들이 유치원 다닐 적에 TV 프로그램에서 누군가 한 말이다. 이 말을 듣고 귀가 솔깃했다. 아들에게 악기는 하나 가르치려 하고 있던 차에 당장 피아노 학원을 보내기로 했다. 정서 발달에도 좋고 수학도 잘하게 된다고 하니 일거양득이라고 생각했다.

아들은 유치원을 마치면 피아노 학원으로 향했다. 처음에는 많은 아이들이 그런 것처럼 몇 달 다니다가 그칠 줄 알았다. 대부분 싫증을 부리면서 그만두는 것을 주변에서 많이 보았기 때문이다. 그런데, 아들은 피아노 치는 것을 무척 재미있어 했다. 신나게 놀다가 시간이 되면 피아노 학원 가는 것을 잊지 않았다. 그렇게 중학교 2학년까지 학원을 다녔다. 당연히, 집에도 피아노를 사다 놓았다. 처음에는 조악한 전자 피아노를 사주었는데, 나중에는 제대로 된 피아노를 사달라고 해서 거금을 들여 영창피아노를 사주었다. 심심할 때마다 피아노를 집에서 연주했다. 이제는 제법 친다.

그렇다면, 아들의 수학 실력은 어떻게 되었을까? 정말로 피아노를 치게 되면서 수학을 잘하게 되었을까? 아들이 수학을 아주 잘한다고 할 수는 없겠지만, 그래도 다른 과목에 비해서 수학을 좋아하는 것은 사실이다. 적어도 나보다는 수학을 훨씬 잘하는 것 같다. 다른 과목보다 성적이 좋다. 나는 모든 과목 중에서 수학을 가장 싫어했다. 아들이 수학을 좋아하고 수학 성적이 나쁘지 않은 것이 피아노 때문인지는 알 수 없다. 하지만, 나의 유전적 대물림을 극복한 것은 분명하다.

◆ ◆ ◆

수학과 피아노와의 연관성이 정말 있을까? 여전히 궁금하던 중에, 그 연관성에 관한 간접적인 스토리 하나를 알게 되었다. 바로 피타고라스와 관련한 흥미로운 이야기다. 피타고라스는 수학자다. 그런데, 수학자인 피타고라스와 피아노가 깊이 연관되어 있었다. 현대 음악에서 사용하는 기본 음계인 '도 레 미 파 솔 라 시 도'를 처음으로 만들어낸 사람이 피타고라스이기 때문이다. 엄밀히 따지면 현대의 음계와 완벽하게 일치하지 않지만, 현대 음계의 출발이 피타고라스의 발명으로 시작되었다는 것은 놀라운 사실이다.

고대 그리스의 수학자인 그는 세상이 정수로 이루어져 있다고 굳게 믿었다. 세상의 원리, 우주의 원리를 설명할 때 정수의 비를 이용하여 설명했다. 당시의 다른 철학자나 과학자들은 세상이 물이나, 흙 같은 물질로 구성이 되어있다고 믿었던 시절이다. 그런 그의 집 근처에는 대장간이 있었다. 매일 대장간에서는 대장장이의 철근 두드리는 소리가 났다. "땅, 땅, 땅, ⋯." 하루도 거르지 않는 쇠 두드리는 소리에 짜증이 났다.

그런데, 어느 날 그렇게 듣기 싫은 대장장이의 소리가 좀 다르게 들려왔다. 쇠 망치 두드리는 소리가 유쾌한 리듬을 타고 있는 것이었다. 두 명의 대장장이가 번갈아 가면서 쇳덩어리를 망치로 치는데, 그 소리가 규칙적이기도 하고 하나의 아름다운 화음처럼 들린 것이다. 호기심이 생겼다. "왜 오늘은 소리가 아름답지? 왜 같은 쇠 덩어리를 두드리는데, 다른 소리가 만들어지는 걸까?"

피타고라스는 소리를 연구하기 시작했다. 연구의 목적은 '무엇이 다른 소리를 만들어 내는가?'를 밝혀내는 것이었다. 그는 대장장이의 도움을 받으면서 여러 경우의 수를 연구했다. 불이 온도를 바꾸어 보기도 하고, 쇠의 재질을 변화시켜 보기도 했다. 망치의 내려치는 힘을 변화시키기도 했다. 하지만, 결론은 그런 것에 있지 않았다. 소리의 차이는 쇠의 길이에 있었다. 길이가 변하면 소리의 높낮이가 변했다. 피타고라스는 소리의 비밀을 정수의 비로 설명하고자 했다. 피타고라스 음계가 탄생하는 순간이다. 그는 '도'의 음을 내는 물체의 길이가 1일 때 그 길이의 2/3에 해당하는 소리가 '솔'이라는 사실을 발견한다. 이것이 순정 5도이다. 이 길이에 2/3를 곱할 때마다 5도씩 올라간다. 2/3로 구성된 비율은 아름다운 화음을 이룬다.

순정 8도의 원리도 발견한다. '도'의 음을 내는 물체의
길이가 1일 때 그 길이의 1/2에 해당하는 음은 높은
'도'라는 사실을 발견한 것이다. 길이에 1/2을 곱할 때마다
8도가 올라가는 것이다. 1/2이라는 비율도 아름다운 화음을
이룬다. 이러한 순정 5도와 순정 8도의 원리를 반복하여
음을 적절하게 재배치하면 '도, 레, 미, 파, 솔, 라, 시, 도'가
된다.

수학자인 피타고라스는 정수의 비라는 수학적 접근을
통해서 음악적 음계를 만들어 내었다. 피타고라스 이전에도
음악은 있었다. 악기도 있었다. 당시 사람들은 음악을
이렇게 생각했다. "음악은 자연이 저절로 만들어 주는
아름다운 소리이다." 피타고라스는 그렇게 생각하지 않은
것이다. 그는 아름다운 소리는 자연이 저절로 만들어 내는
것이 아니라 수학적 원리로 만들어 내는 것이라고 말했다.
피타고라스에 의해서 전혀 연관이 없어 보이는 수학과
음악은 연결되었다. 놀라운 일이 아닐 수 없다. **피타고라스가
위대한 것은 다양한 세상을 하나의 원리로 잘 연결하는 통찰을 가졌기 때문이
아닐까? 위대한 발견은 위대한 연결을 통해서 가능하다.**

◆ ◆ ◆

피아노와 수학 성적이 관련이 있음을 밝힌 과학적 연구가 있기는 하다. 캘리포니아 어바인 대학교의 연구진이 연구 결과를 내놓았다. 음악이 수학 성적에 좋은 영향을 준다는 사실을 밝혀낸 것이다. 연구팀은 어린 학생들을 2개의 집단으로 나누었다. 한 집단은 피아노를 4개월간 배우도록 했고 다른 집단은 피아노를 배우지 않았다. 4개월 후 두 집단에게 같은 수학문제를 풀도록 했다. 어떤 결과가 나왔을까? 피아노 수업을 받은 학생의 수학 실력이 더 높았다. 피아노 수업을 받은 학생이 그렇지 않은 학생보다 분수와 소수 문제를 15~41% 정도 더 잘 풀었다.

세상에 많은 현상들은 어떤 형태로든 연결되어 있다. 단지, 우리가 그 연결의 정도를 잘 모를 뿐이다. 그래서, 우리는 편협한 경험에만 머물면 안 되고, 고정 관념에 사로잡혀서도 안 되는 것이다. 다양한 경험과 다양한 시도를 해야 하는 이유는, 그러한 시도 속에서 우리도 알 수 없는 연결성을 발견할 수 있기 때문이다.

수리적 능력이 필요한 직종들이 있다. 은행, 증권회사 같은 금융기관에는 아무래도 수리적 능력을 필요로 하는 업무들이 많다. 애널리스트 업무, 투자분석, 대출 분석, 재무분석 같은 업무들이다. 모든 회사에 있는 재무팀, 회계팀 업무에서도 수리 분석 능력이 중요하다. 이런 직무를 수행할 사람을 채용할 때는 면접에서 이런 질문을 해야 하지 않을까?

"혹시 다루는 악기 있으세요?"라는 다소 엉뚱한 질문에 "피아노를 좀 칩니다."라고 답하는 후보자가 있다면 채용을 긍정적으로 생각해 봐야 할지도 모른다.

요즘처럼 착한 사람이
많은 시대는 없었다

선한 대중들은 악한 개인을
응징하는 노력을 오늘도 계속하고 있다.

알링턴 국립묘지는 미국의 국립묘지이다. 우리나라로 치면
국립 현충원이라고 볼 수 있다. 미국의 역대 대통령 묘지도,
두 차례의 세계대전과 베트남 전쟁 등에 참전한 미국
병사들의 묘역도 여기에 조성되어 있다. 한국전에 참전했던
미군들의 묘지도 여기에 있다.

그런데 미국의 한 여성이 알링턴 국립묘지에서 찍은 사진을
올렸다가 인생에 큰 위기를 맞았다. 신성한 국립묘지에서
외설스러운 제스처를 한 사진을 찍어 올린 것이다. 이
사진이 SNS를 타고 번지면서 그녀는 온라인상에서 비난의
타겟이 되었다. 그녀는 온갖 비난을 받은 후에 다니던
직장을 잃었다. 살해 협박도 받으면서 우울증에 시달렸다.
그녀의 행동은 비난을 받을 행동이었다. 그녀는 졸지에

악녀가 되었고, 수많은 선한(?) 대중들에 의해 처벌을
받았다. 하지만, 그 한 번의 실수가 그녀의 인생을 송두리째
망가뜨릴 만한 잘못이었는가에 대한 논란이 일기도 했다.

◆ ◆ ◆

요즘처럼 착한 사람이 많은 세상은 인류 역사상 없었다.
인터넷 댓글을 보거나 온갖 SNS에 올라오는 글들을
보면 세상에는 참 착한 사람들이 많다는 생각이 든다.
그 많은 선한 사람들은 가만히 있지 못한다. 조금이라도
악한 사람을 발견하면 가차 없이 응징에 나선다. 선한
대중들은 악한 개인을 응징하는 노력을 오늘도 계속하고
있다. 그런데, 이상한 것은 그렇게 악한 사람을 응징하는
사람들이 많은데도 세상은 그리 좋은 쪽으로 가는 것
같지는 않다. 어디를 둘러봐도 세상이 점점 선한 사람들로
채워지고 있다는 증거는 없다.
'유튜브 렉카'라는 신조어가 있다. 이들 일부 유튜버들은

'연예인 A 씨 인성' '가수 B 씨가 비난을 받는 이유' 등의
제목을 달면서 주로 연예인 인성 이슈를 자극적으로
유튜브에 올린다. 이들의 영상에는 수많은 댓글들이
실시간으로 달린다. 대부분 해당 연예인을 비난하는
내용들이다. 비난을 받는 연예인이 음주 운전, 마약 등
중한 범죄를 저지른 경우도 있다. 하지만, 단순한 말 실수,
행동 실수인 경우가 더 많다. 일면식도 없는 다른 사람의
행동에 저토록 확신을 가지고 비난을 해대는 사람이 많은
것이 놀라울 뿐이다. 한 개인의 실수가 실제로 사실이라
하더라도 너무 지나친 경우가 많다.

도덕적 그랜드 스탠딩(moral grandstanding)이란 말이 있다.
'도덕적 관종' 행위를 하는 것을 말한다. 도덕적 관종은
자신의 도덕적 우위를 과시하면서 다른 사람의 관심을 받고
싶어 하는 사람이다. 요즘엔 이런 사람이 너무 많다. 이들은
다른 사람들과 SNS 상에서 도덕성을 경쟁한다.
이들이 도덕적 우위를 과시하는 방법은 간단하다.
도덕적으로 허점을 보이는 사람을 찾아 나서는 것이다.

상대방을 비난하면서 자신의 도덕적 우위를 간접적으로
과시하는 방식이다.

'도덕적 관종'인 사람은 속으로 이런 생각을 하고 있을 것
같다. '나는 도덕적 우위에 있는 사람이다. 그런데, 내가 선한
사람이라는 것을 다른 사람에게 알리고 싶은데…, 손쉬운
방법으로는 무엇이 있을까? 그래, 바로 이 방법이 있었네.
다름 아닌 악한 사람을 찾아내는 거야. 그 악인을 내가 먼저
비난하면 다른 사람들은 나를 선한 사람으로 봐 줄 거야.'
도덕적 관종은 도덕적 허세를 부린다. 그리고 이들에게는
세상을 보는 특징이 있는데, 바로 이분법적 사고다. 이들은
세상은 둘로 나뉜다고 생각한다. 세상에는 선한 사람과
악한 사람이 있다. 중간 지대는 없다. 세상이 둘로 나뉘어
있으니 나도 어딘가 속해 있어야 한다. 나는 당연히 선한
사람들에 속해 있다고 생각한다. 그리고, 선한 집단에
소속되어 있다는 점을 증명해야 할 필요성을 느낀다.
자신이 선하다는 것을 증명하는 방법은 다른 사람을
악하다고 비난하는 것이다. 온라인 상에서 악성 댓글을

과도하게 다는 사람들은 대표적인 도덕적 관종이다.

진짜 도덕적인 사람은 자신을 도덕적이라고 말하지 않는다. 굳이 그렇게
설명할 필요성을 느끼지 않기 때문이다. 남을 심하게
비난하지도 않는다. 전후 상황을 잘 모르는 상태에서 다른
사람을 악마로 단정하지 않는다. 세상은 선과 악 두 가지로
나눌 만큼 단순하지 않다고 믿는 태도이다. 세상에는 중간
지대도 있고 회색지대도 있다고 믿는다. 세상에는 내가
모르는 다양한 사람이 있고 다양한 가치관이 있고 다양한
상황이 있다고 생각하기 때문에, 단정적으로 판단하지
않는다.

◆ ◆ ◆

수능에는 주관식이 없다. 서술형으로 작성하는 에세이 형식
문제도 없다. 이런 형식의 문제가 나오면 난리가 날 것이다.
주관식이나 에세이 시험 점수가 낮은 사람은 아무도 자신이

받은 점수를 인정하려 하지 않고 이의를 제기할 것이다. 법원은 수능 소송을 진행하느라 다른 소송을 진행할 시간이 없을지도 모른다.

그래서, 우리나라 주요 평가시험은 객관식이다. 곧 공부를 잘한다는 것은 객관식 문제를 잘 푼다는 것이다. 객관식 시험을 잘 풀면 좋은 대학도 가고, 유망한 자격증도 딸 수 있다. 시험 문제는 세상에서 발생하는 문제를 해결하는 방법을 질문하는 것이라고 할 수 있다. 그런데, 그 질문에 대한 해답이 O 아니면 X라는 것이 문제이다. 세상의 문제 해결 방식이 O 아니면 X 두 가지 경우만 있는 것은 아니기 때문이다. 평생 이런 시험 방식에만 익숙해지다 보면 세상을 바라보는 눈도 'O 아니면 X'라는 프레임으로 변하지 않을까? 그렇게 자란 아이들은 세상을 선과 악으로 보는 이분법적 사고에 익숙해지고 만다.

어렸을 때부터 훈련되고 익숙해진 이분법적 사고는 사회를 바라보는 시각을 편협하게 만들고 있다. 사회에서 발생하는 문제를 다양한 시각으로 바라보지 않는다. 사회 문제를

진단하거나 해결책을 논의할 때 다양한 의견과 논리가 있을
수 있다는 점을 인정하지 않는다.

"그래서, 찬성이라는 겁니까? 반대라는 겁니까?"

토론 참가자는 항상 찬성인지 반대인지 분명한 입장을
밝혀야 한다. 말을 길게 하면 항상 이런 핀잔을 받는다.
이런 말을 들으면 사람은 주눅들게 되어 있고, 찬성과 반대
중 어느 편에 서야 할지 눈치를 보게 된다. 애매한 입장을
취하면 회색분자라고 비난을 받는다. 찬성하면 내 편이
되고 반대하면 상대편이 된다. 멀쩡했던 집단이 순식간에
적군과 아군으로 나뉜다. 이런 현상들은 모두 세상을
이분법적으로 보기 때문이다. 다양성에 대한 인식 자체가
부족해서 생기는 현상이다.

◆ ◆ ◆

부자는 나쁘고 가난한 사람은 선하다고 생각하는 경향이
있다. 이것도 대표적으로 이분법적인 사고이다. 세상에는

수많은 종류의 부자가 있다. 졸부 아빠로부터 재산을 물려받은 부자도 있고, 불법적으로 부자가 된 사람도 분명 있을 것이다. 하지만, 밤잠 안 자고 먹을 거 안 먹고 사업을 해서 부자가 된 사람도 너무 많다. 월급쟁이 부자도 많다. 같은 월급을 받아도 누구는 부자가 되고 누구는 그렇지 못하다.

인사팀에 부자가 된 여직원이 있었다. 월급이 200~300만 원 밖에 안되는 대리급 여직원이다. 정말 성실하고 실력 있는 직원이었다. 그 직원은 회사에 들어와서 결혼을 했고 맞벌이를 계속했다. 부자 집 출신도 아니다. 그 여직원은 열심히 절약하고 저축하는 생활을 이어가다가 아파트 청약에 성공했다. 간신히 계약금, 중도금, 잔금을 지급했다. 요즘은 서울에 아파트 가지고 있으면 부자라고 하지 않는가? 그녀는 지금 부자다. 월급쟁이지만 이런 식으로 부자가 된 사람은 주변에 너무 많다. 그들은 성실히 일하고 성실히 저축했고 투자 결정을 잘 했다. 훌륭한 부자들 아닌가? 부자는 악하고 빈자는 선한 것이 아니다. 다양한 사람들 중에 그냥 부자도 있고 빈자도 있는 것이다.

기업 경영자는 나쁜 집단이고 노동자는 선하다는 생각도 이분법적 사고다. 세상의 다양한 부류 사람들 중에 경영자도 있고 노동자도 있을 뿐이다. 내가 경험한 기업 경영자와 임원들은 대부분 법을 잘 지켰고 선하고 능력 있는 사람들이었다. 그리고, 마찬가지로 내가 경험한 직원들과 동료들은 대부분 법을 잘 지켰고 성실하게 살았다. 그들이 경영자인지 노동자인지가 중요한 것이 아니다. 선하고 악하고 하는 것은 개인의 문제다. **세상 사람을 단정적으로 구분하면 안 된다. 세상은 생각보다 다양하다.** 다양성을 인정해야 이분법적 프레임에서 벗어날 수 있다.

대항해 시대에 필요한 능력

대항해를 준비하면서 별자리 잘 보는 항해사를
뽑지 않고 국어 점수 높은 항해사를 뽑는 격이다.

1497년 세 척의 대규모 범선이 대양으로 향했다. 출발지는
바로 포르투갈의 리스본이다. 세 척의 범선을 이끄는
선장은 바스코 다가마이다. 그와 그의 선원들의 목적지는
인도다. 이 세척의 범선이 리스본을 출발하기 전까지 그
누구도 바다를 통해서 인도로 간 사람은 없었다. 바스코
다가마가 바다를 통해 인도로 간다면 그는 세계 최초의
인도 항로 개척자가 된다. 인도로 가고자 하는 목적은
단순히 모험심 때문만은 아니었다. 그것은 상업적 목적이
컸다. 인도의 향신료를 구하기 위한 것이었다. 아무도 가 본
적 없는 인도항로를 개척하는 것은 목숨을 건 일이었다.
세 척의 범선은 대서양을 지나서 거대한 대륙 아프리카
남단을 돌아야 했다. 거센 폭풍우와 집채만 한 파도를
이겨내야 했다. 많은 선원들은 오랜 항해로 지쳤고 각종

질병으로 고통받았다. 처음 리스본에서 출발할 때 세 척의 범선에는 170여 명의 선원이 타고 있었다. 그리고 2년에 걸친 항해 끝에 인도에 도착했을 때 살아남은 선원은 고작 55명에 불과했다. 바스코 다가마의 인도 도착은 동양과 서양이 본격적으로 교류하는 시작점이 된다.

바스코 다가마의 배는 범선이었다. 범선은 닻으로 바람을 잡고 노를 저어서 나아간다. 지금 생각해 보면 약하기 짝이 없는 안전하지 않은 배다. 이 당시 대항해를 하기 위해 가장 중요한 기술과 지식은 무엇이었을까? 바로 별자리 보는 능력이었다. 그들에게 수리능력이나, 언어 능력, 공학 기술 같은 것들이 필요한 것은 아니었다. 별자리를 보는 능력이 없으면 망망한 대해에서 길을 잃고 죽을 수밖에 없는 일이었다. 별자리를 잘못 봐서 길을 잘못 들면 항해기간이 길어진다. 식량과 물이 부족해지고, 폭풍우에 노출되어 침몰하기 쉽다.

땅에서는 여러 지형 지물들이 있어서 그것을 기준으로 삼으면서 어렵지 않게 목적지로 갈 수 있다. 하지만,

바다에서는 사방에 바닷물 뿐으로 마땅히 기준으로 삼을 만한 것이 없다. 유일하게 배에서 방향을 잡아주는 것이 하늘에 떠 있는 해, 달, 별들이다. 이 천체들은 구름만 없다면 언제든지 볼 수 있기 때문에 범선이 방향을 잡는 데 필수적인 기준점이 된다. 낮에는 태양이 뜨고 지는 위치와 각도를 보면서 나의 위치와 목적지의 방향을 가늠해 나간다. 밤에는 북극성이 중요하다. 북극성은 봄과 여름에는 북두칠성의 오른 쪽에 위치한다. 가을과 겨울에는 카시오페이아 자리의 왼쪽에 위치한다. 북극성은 지구 자전축에 가깝게 있기 때문에 항상 북쪽에 고정되어 있다. 북극성이 나침반의 역할을 하는 것이다.

별자리를 보는 기술은 상당한 항해 경험이 있어야 가능한 일이었다. 그래서, 선장은 항상 별자리를 잘 보는 항해사를 제일 먼저 확보하려고 했다. 바스코 다가마도 항해 전에 뛰어난 별자리 보는 능력을 가진 항해사를 찾아 나섰다. 그가 몇 차례의 표류와 폭풍을 이겨낼 수 있었던 것은 항해사들이 뛰어난 별자리 보는 능력을 갖추고 있었기

때문이다. 항해사들에게 다른 배경이나 지식 따위는
필요하지 않았다.

◆ ◆ ◆

"우리 아이가 공부를 잘할 수 있을까?" 아이를 낳는
순간부터 모든 부모들은 같은 고민을 한다. 우리나라의
모든 부모들은 단 한 가지의 바램과 궁금증을 가지고
아이들을 키운다. 그래서, 이런 저런 검사를 하기도 한다.
대표적인 것이 지능검사, 즉 IQ검사이다. 우리나라도
과거에는 초등학교 때 전체적으로 IQ검사를 받게 했었다.
이 IQ검사는 프랑스 의사인 비네라는 사람이 만들어
냈다. 1905년의 일이다. 처음 이 검사법을 개발한 이유는
정신지체아를 가려내는 것이었다. IQ검사법은 여러 가지
버전으로 발전한다. 그중에서 제일 많이 쓰이는 검사법이
웩슬러 지능 검사법이다. 이 지능 검사는 꽤 오랫동안

활용되어왔다. 그 이유는 IQ 점수가 높으면 다른 모든 일을
잘 한다고 믿었기 때문이다. IQ가 높아야 공부도 잘하고,
IQ가 높아야 정치도 잘하고, IQ가 높아야 운동도 잘하고,
IQ가 높아야 음악도 잘하고, IQ가 높은 선장이 위험한
파도도 잘 헤쳐간다고 믿었기 때문이다.

하지만, 지금은 IQ점수에 대한 믿음이 많이 깨졌다. IQ는
수많은 지능 중에서 한 가지만을 보여주기 때문이다. IQ
검사에서는 언어, 수리, 공간 지각 능력을 주로 측정한다. 즉,
IQ는 학습 능력에 가깝다. 그것도 이미 존재한 지식에 대한
학습능력이다. 그래서, 문제를 잘 푸는 학생이 일반적으로
IQ도 높다. 새로운 문제를 찾아내는 능력 및 새로운
지식을 탐구하는 능력은 측정되지 않는다. 세상에는 IQ
검사에는 없는 훨씬 복잡하고 중요한 지능들이 많다. IQ가
낮다고 슬퍼할 일은 아니다. 이러한 한계 때문에 요즘은
학교에서도 웩슬러 지능 검사를 측정하지 않는 편이다.

◆ ◆ ◆

IQ검사의 문제를 지적하면서 나온 검사가 다중 지능
검사이다. 이는 다중지능이론에 의해 개발된 검사법이다.
다중 지능 이론에 의하면, 세상에는 통합적인 지적
능력이란 없으며, 여러 가지의 독립적인 지능이
존재한다는 것이다. 즉, 선장에게 필요한 지능과 과학자가
필요한 지능은 다르다는 주장이다. 다중 지능 이론은
교육심리학자인 가드너(Gardner)에 의해 체계화된다.
가드너에 의하면, 지능은 개별적이고 독립적인 8개의
지능으로 다양하게 구분된다.

각각의 지능은 다른 속성을 지닌다. 가드너는 역사적
인물들을 각각의 지능에 대비해서 설명했다. 예를 들어,
노벨문학상을 받은 엘리어트는 언어적 지능이 뛰어난
사람이다. 아인슈타인은 수리적 지능이 높은 사람이며,
피카소는 높은 공간적 지능을 지닌 사람이다. 요즘에는
개인의 적성을 파악하거나 전공을 선택하고자 할 때 이
다중 지능 검사를 많이 한다. 어떤 직업을 선택해야 능력을

발휘할 수 있을지를 어느 정도 보여준다고 보기 때문이다. 사람마다 타고난 적성과 재능이 다르다는 사실을 의심하는 사람은 없다. 그래서, 교육도 그러한 다중 지능이라는 관점에서 다양하게 이루어져야 한다고 말한다. 사회에 진출해서도 다양한 재능이 잘 발휘되고 잘 평가받아야 한다고 주장한다.

그런데, 현실은 그렇지 못하다. 가장 중요한 교육제도부터 다양성을 철저히 부정한다. 수능은 단일 지능만을 평가한다. 수능은 IQ테스트와 다를 바 없다. 수많은 다양한 대학의 전공에도 불구하고 대학의 합격을 결정하는 유일한 변수는 단일한 학습능력이다. 대학의 다양성은 고사하고 학과의 다양성은 거의 완전히 무시된다. 입시를 100% 정부가 통제하면서 다중 지능이니 학문의 다양성이니 하는 것은 여전히 공허한 외침일 뿐이다. 대항해를 준비하면서 별자리 잘 보는 항해사를 뽑지 않고 국어 점수 높은 항해사를 뽑는 격이다.

집단 치료의 원리

자신의 문제가 보편적이라는
생각이 드는 순간 큰 위로가 된다.

관광버스 한 대가 일단의 사람들을 태우고 스페인의 한
해안 도로를 달리고 있었다. 이 버스에는 나이 지긋한
노부부도 있었고 대학생으로 보이는 청년들도 있었으며,
엄마 손을 잡고 재잘거리는 어린이도 있었다. 심각한
얼굴로 창밖을 주시하는 중년 남자도 섞여 있었다. 이들은
모두 유럽의 몇 개 국가를 돌아보는 패키지 여행을
다녀오는 길이었다. 그들은 거의 보름의 여정을 마치고
미국으로 돌아가는 배를 타기 위해 항구로 향하고 있었다.
그때였다. 갑자기 교차로에서 큰 트럭이 나타나면서
여행객들이 타고 있는 버스와 충돌을 했다. 트럭은 굉음을
내며 옆으로 쓰러졌다. 버스는 충돌의 위력을 이기지
못하고 옆으로 넘어지는가 싶더니 몇 바퀴를 굴렀다가
간신히 길가에 멈추어 섰다. 버스는 완전히 찌그러졌고

창문은 거의 깨졌으며 바퀴 중 하나는 빠져서 나뒹굴었다.
이 버스에는 25명의 사람이 타고 있었다. 사고로 25명
중에서 7명이 사망했다. 사망자 중에는 노부부도 있었고
어린이도 2명 포함되어 있었다. 살아남은 사람 중에서
2명이 중상이었고 나머지 사람들은 경상을 입었다.
살아남은 사람들은 안도했다. 하지만, 곧이어 그 끔찍한
사고의 충격에서 괴로워했다. 깊은 트라우마를 집단적으로
겪기 시작한 것이다.

부상을 입지 않은 사람과 치료를 받고 퇴원한 여행객들은
모두 심리 치료사들로부터 상담을 받았다. 트라우마
치료를 위한 것이었다. 사망자와 중상자를 제외한 15명은
치료를 위해 정기적으로 만났다. 심리치료사와 상담가가
배에 동승하면서 심리 치료를 도왔다. 심리 치료사들은
개별적으로 상담을 한두 차례 진행하다 집단 치료로 방법을
전환하였다. 이를 통해 집단이 사고 당시 받았을 정신적
충격과 반복되는 악몽에 대처할 수 있도록 도왔다.
여행객들은 자기들을 '버스집단'이라고 불렀다.

'버스집단'은 배에서 12회에 걸쳐 집단으로 만났다. 만나서 하는 일은 1명씩 돌아가면서 자신의 심리 상태, 사고 당시의 충격 내용 등을 공유했다. 말하는 도중 당연히 자신의 직업, 결혼 유무, 친구 관계 등을 말하는 경우도 있었다. 그들은 대부분 집단으로 만날 때 얼굴이 편안해 보였다. 모임이 없는 날에 어떤 여행객은 이렇게 말했다. "다음 모임은 언제 있지요? 지난번에 엔지니어라고 소개한 사람이 오늘은 좀 나아졌을까요? 굉장히 괴로워하던데."

항구에서 출발한 배는 워싱턴 주 씨애틀에 도착했다. 그리고, 여행객들은 각자의 집으로 돌아갔다. '버스집단'이 해산된 것이다. 버스집단의 목적은 집단의 심리 치료였다. 그들이 정상적인 일상으로 돌아가도록 돕는 것이 그 집단의 목적이었다. 그들의 목적은 달성되었다. 1년 후에 심리치료를 담당했던 심리치료사는 그들에게 연락을 했다. 그들의 상황을 파악한 한 심리치료사는 다음과 같이 말했다. "버스 집단의 구성원이었던 17명은 대부분 일상에 잘 적응하고 있었다. 자기의 인생을 잘 누리고 있다."

◆ ◆ ◆

미국 영화를 보면 끔찍한 사고를 당한 사람들이 정기적으로
모여서 대화하는 모습이 자주 나타난다. 심리학자들은 이런
방식을 집단치료라고 부른다. 지금은 미국에서 집단치료가
일반화되었지만, 집단치료가 처음 시도되었을 때는 많은
사람들이 치료 결과를 회의적으로 보았다. 비판자들은
대체로 이렇게 말했다.

"여러 사람이 모이면 오히려 그때의 악몽이 되살아나서 더
괴롭게 하는 것이 아닌가?"

"한 사람도 아니고 여러 사람의 집단 모임의 치료 과정을
누가 이끌어 간단 말인가?"

하지만, 처음의 우려와는 달리 집단 치료의 효과는 여러
사례와 연구를 통해 입증되고 있다.

한 심리학자는 집단 치료 방법이 성공적인 이유를
'사람들은 자신의 문제를 가장 크게 생각하기 때문'이라고
본다. 나만 이런 고통 속에 있다고 생각하는 경향이
있다는 말인데, 그러다 비슷한 고통 속에 있는 사람들과

만남으로써 '이것이 나만의 문제가 아니구나'라는 생각에 이르게 된다. 만남이 계기가 되어 자신의 문제를 '보편적인 문제'로 바라보게 되는 것이다. 즉, 자신의 문제가 보편적이라는 생각이 드는 순간 큰 위로가 된다고 밝힌다.▲

▲ Donelson R.Forsyth, 《집단역학》, 센게이지러닝, 2014.

집단 치료가 작동하는 원리는 집단의 다양성과 공유이다. 집단의 구성원은 다양하다. 다양하기 때문에 공유할 것이 있다. 다양하기 때문에 그 속에서 힌트를 얻기도 하고 실패를 피하기도 하고 시도할 수 있는 용기를 얻기도 한다. 같은 사람들 몇몇만 모여 있을 때는 얻을 수 없는 효과들이다.

버스집단에는 은퇴한 사업가도 있었고, 현직 엔지니어도 있었다. 방학을 이용해서 여행중인 대학생도 있었다. 다양한 배경을 가진 사람들은 같은 사고를 겪으면서 같은 문제로 괴로워했다.

그들은 그들이 가진 문제를 해결하는 방식이 모두 달랐다. 사고의 충격도 차이가 있었다. 그 사고의 원인을 바라보는 눈도 달랐다. 그들은 집단으로 모이면서 서로 다른 모습을 보여주었다. 회복하는 방법도 달랐고, 회복 기간에도 차이가 있었다. 버스 집단에 모인 사람들은 그중에서 가장 회복이 빠른 사람의 말과 표정에 주목했다. 많은 사람들이 그 사람의 태도를 따라가려고 애를 썼다. **지금의 고통이 나만 겪는 고통이 아니라는 생각이 들면서 해결 방법을 찾으려는 용기를 얻었다.**

◆ ◆ ◆

조직도 트라우마를 겪는다. 실패를 거듭하면 리더와 구성원들은 겁을 집어먹기 때문이다. 이런 상황에서 가장 큰 문제는 구성원들이 아무리 머리를 싸매도 마땅한 해결방법을 찾아내지 못한다는 데 있다. 현재의 문제를 다른 시각으로 진단하고 혁신적인 시도로 문제 해결을 하고 싶은데, 그것이 잘 안된다. 기존의 생각과 접근 방식을 깨기가 쉽지 않다. 왜 새로운 시도를 하기가 힘들까? 많은 경우에 집단의 구성원이 다양하지 않기 때문이다.

새로운 시도는 새로운 경험에서 나온다. 같은 경험을 한 사람들만 모여 있는 상태에서 새로운 문제인식을 하거나 새로운 해결방법을 찾기는 어렵다. 내가 새로운 경험을 할 수 없다면 다른 사람의 경험을 빌려오기라도 해야 된다. 다른 회사나 다른 산업 출신의 사람의 경험을 들어보면 된다는 것이다. 그들은 우리가 지금 겪고 있는 문제를 이미 겪었을지 모른다. 그리고, 어렵지 않게 해결해 보았을 수도 있다. 우리가 미처 생각도 못했던 방식으로 접근했을 수도 있다. 다른 조직 출신 한 명의 아이디어를 듣는 것은 그가 전에 소속되었던 조직의 수십 명의 집단 지식을 한 번에 듣는 것과 같다. 조직이 갖고 있는 트라우마를 치유하기 위해서는 다양한 사람들이 모여서 터놓고 경험을 나누며 해결 방법을 공유해야 한다.

Part 3 _____

뭉쳐야
산다는
응집성

체육관에서 발생한
어처구니없는 대형 사고

이 길을 따라 가면
위험할 수도 있겠다는 생각을 하지 않는다.

"1979년 12월 3일 미국의 오하이오주

체육관에서 대형사고가 발생했다. 11명이

사망했다. 사망자 중 가장 어린 사망자는 15세

였고, 가장 나이 많은 사망자는 27세였다."▲

미국에서 발생한 대형 사고를 다룬 기사 중

일부이다.

더 후(The Who)는 영국의 유명한 락 밴드이다.

1960~1970년대에 당시 비틀즈, 롤링 스톤즈

등과 함께 영국 대중 음악을 이끌었다.

지금까지도 활동하고 있다. 위의 기사는 과거 더

후가 미국의 한 대형 체육관에서 공연을 열었던

날 발생한 대형 참사를 보도한 것이다. 이날

체육관의 좌석 수는 무려 17,000여 개나 되었는데, 2시간
만에 완판이 되었다. 그 인기를 짐작할 만하다. 좌석은 지정
좌석이 아니었다. 좋은 좌석을 차지하기 위해서는 먼저
와야 했고, 공연장 문이 열리면 좋은 자리를 차지하기 위해
사람들이 밀려들 수밖에 없었다.

공연 시작 전에 엄청난 사람들이 공연장 입구에 몰려
있었다. 공연장 문이 열리자 많은 군중이 한 번에 밀려
들어왔다. 입구와 통로가 좁아서 사람들은 심하게
밀착되었고, 어떤 사람들은 숨을 쉴 수 없을 정도였다.
입구는 사람으로 막혀 있는데도 뒤에 있는 사람들은 급한
마음에 계속 힘을 주어 밀고 들어왔다. 이때 한두 명이
넘어지더니 곧이어 수십 명이 넘어지기 시작했다. 곧이어
공연이 시작되면서 음악 소리가 공연장 전체를 감싸안았다.
넘어져서 아래에 깔린 사람들은 비명을 질렀다. 하지만,
비명은 음악 소리에 묻혔다. 공연을 보는 사람들은 입구
쪽에서 무슨 일이 벌어지고 있는지 알지 못했다.

공연은 계속되었다. 더 후 멤버들은 공연이 끝날 때까지

무슨 일이 일어나고 있는지 알지 못했다. 공연장의 입구는 두 곳이었는데, 한 곳에서만 사고가 났다. 그래서, 다른 입구로 들어온 사람들은 이런 사고가 일어난 사실조차 알지 못했다. 11명이 압사사고로 죽었다. 수백 명이 온몸에 피멍이 들고 상처를 입었다. 이 사건은 미국 공연 역사상 가장 큰 사고 중 하나가 되었다. 사고 이후에 선착순 좌석 제도가 중단되었다. 이 사고 이후로 미국 전역에서 하는 대형 공연은 모두 좌석제로 바뀌었다.

이런 사고가 미국에서만 발생하는 것은 아니다. 우리나라도 이런 류의 압사 사고가 간혹 발생한다. 왜 이런 사고가 반복될까? 표면적인 이유는 비좁은 입구 때문이다. 그렇다면, 비좁은 입구 문제만 해결하면 이런 사고가 다시는 일어나지 않을까? 그렇지 않을 것 같다. 근본적인 이유는 따로 있기 때문이다. 사람들이 일반적으로 가지고 있는 심리적 요인이 문제다.

사람들이 한 곳으로 몰리는 이유는 '심리적 동조 현상' 때문이다. 사람들은 많은 사람들이 한 곳으로 몰려가면

영문도 모른 채 앞 사람들을 따라간다. 앞 사람이 밀면 같이
밀고 앞 사람이 소리치면 같이 소리친다. 나중에는 영문도
모른 채 그냥 따라 한다. 그렇게 따라 가다 보면 합리적이고
이성적인 판단을 할 수 없다. 이 길을 따라 가면 위험할
수도 있겠다는 생각을 하지 않는다. 혼자 갈 때는 신중한
판단을 할 텐데, 군중으로 몰려가면 위험하지 않을 거라는
순간적인 확신에 빠진다. 집단 착각이다.

◆ ◆ ◆

미국의 심리학자 스탠리 밀그램(Stanley Milgram)이 재미있는
실험을 했다. 어느 겨울날이었다. 뉴욕의 한가운데 있는
거리에서 연구원 한 명이 이유 없이 길가의 빌딩 위를
쳐다보도록 했다. 그때 인도에는 많은 행인들이 길을
지나가고 있었다. 한 명이 6층 높이의 빌딩 끝을 쳐다보자
행인 중 한두 명이 연구원을 따라서 빌딩 위를 쳐다보았다.
그러자, 주변에 길을 가던 행인들 여러 명이 위를

올려다보기 시작했다. 또 다른 연구원은 몇 명의 행인이
연구원을 따라서 위를 올려다보는지 그 숫자를 세었다.
최대 40명 정도가 올려다보았다. 이번에는 연구 참여자를
15명으로 증가시켰다. 15명이 동시에 위를 올려다보도록
한 것이다. 이랬더니 더 재미있는 현상이 나타났다. 한 명이
올려다볼 때는 지나가던 행인의 4%만 올려다보았는데,
15명이 동시에 올려다보니 지나가던 행인의 무려 40%가
위를 올려다보았다.

연구원의 참가자 수를 변화시키면서 이러한 실험을
반복했다. 결과는 일관된 흐름을 보였다. 올려다보는
사람이 많을수록 걸음을 멈춘 사람도 많아졌고, 올려다본
사람도 비례적으로 증가했다. 밀그램은 이러한 현상을
'행동의 전염'이라고 말했다. 앞서 예시로 든 비극적인 압사
사고가 발행한 원인 중 하나도 이러한 '행동의 전염' 현상
때문이다.

◆ ◆ ◆

"나는 소신이 있다." 라고 자신 있게 말할 수 있는 사람이
얼마나 있을까? 사람은 누구나 소신 있게 행동하고 싶어
한다. "너는 참 소신이 있다."라는 말은 칭찬인 경우가 많다.
그런데, 실상을 보면 소신을 지킨다는 것이 여간 어려운
일이 아니다. 애쉬라는 유명한 심리학자가 한 실험이 있다.
사람이 소신을 지키는 것이 얼마나 어려운지를 잘 보여주는
실험이다. 이른바 '애쉬의 동조 실험'이다.

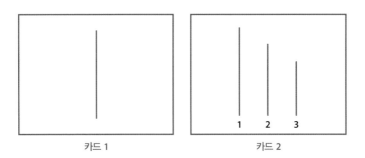

카드 1   카드 2

위에서 보는 것처럼 두 개의 종이 카드가 있다. 왼쪽의

카드에는 선분이 하나 그려져 있다. 오른쪽의 또 다른
카드에는 세 개의 선분이 그려져 있는데 그 길이는 모두
다르다. 세 개의 선분 중에는 왼쪽의 카드에 그려진 선분과
길이가 같은 것이 하나 있다.

"오른쪽 카드의 선분 1, 선분 2, 선분 3 중에서 왼쪽 카드의
선분과 길이가 같은 것은 무엇일까?"

이런 질문을 던진다면 아마 많은 사람들이 선분 1의 길이가
왼쪽 카드의 선분의 길이와 같다고 답할 것이다. 아마 90%
이상은 그렇게 답하지 않을까? 이것이 일반적인 상황이다.
애쉬는 이러한 일반상황이 아닌 집단 상황에서 사람들이
자신의 의견을 어떻게 바꾸는지를 실험했다. 10명이 실험에
참가했다. 그런데, 10명 모두가 순수한 실험 참가자가
아니었다. 9명은 미리 애쉬와 짜고 정해진 답을 말하는
사람들이었고 1명만 순수한 실험 참가자였다. 물론 순수한
실험 참가자는 다른 9명이 애쉬와 미리 짠 사람이라는 것을
알지 못한다. 몰래 카메라 같은 상황을 만든 것이다. 9명은
모두 애쉬가 사전에 부탁한 대로 이렇게 말했다.

"내가 보기에는 오른쪽 카드의 선분 2가 카드 1의 선분의

길이와 같은 것 같다."

이 말을 들은 순수 실험참가자는 당황하기 시작한다.
아무리 봐도 선분 1이 답이라고 생각했기 때문이다. 순수
참가자는 이런 심리적 반응을 보였을 것이다. 처음에는
"이 사람들이 미쳤나?" 라는 반응을 보이다가, "내 눈이
좀 이상해진 것은 아닐까?"라고 자신의 판단을 의심하기
시작한다. 9:1의 상황이기 때문이다. 잠시 갈등하던
순수실험참가자는 자신의 생각을 바꾼다.

애쉬는 여러 집단을 가지고 같은 실험을 여러 차례
반복했다. 반복 실험을 통해서 확인한 결과, 약 70~80%의
사람들은 혼자 있을 때 생각한 자신의 의견을 바꾸었다.
애쉬의 동조 실험은 집단 속에서 개인이 어떻게 생각을
형성하고 변화시키는지 실증적으로 보여준다.

◆ ◆ ◆

왜 사람들은 집단 속에서 다른 사람들에게 손쉽게
동조하는 걸까? 심리학자들은 그 이유를 이렇게 설명한다.

첫째로, 개인은 집단 속에서는 자신의 의견에 대한 확신이 약해진다. 나와 다른 의견을 가진 사람이 많을 경우에 더욱 그렇다. 소신 있게 자신의 주장과 의견을 계속 고수할 수 있지만, 그게 쉬운 일은 아니다. **계속 고수하지 못하는 것은 소신이나 용기가 부족해서 이기도 하지만, 사실 자신의 의견에 대한 확신이나 자신감이 없기 때문이기도 하다.**

개인은 모두 고유한 의견을 가지고 있지만 그 의견을 100% 확신하는 경우는 흔치 않다. 자신의 생각을 100% 믿지 못하는 상황에서 다른 사람들이 집단적으로 다른 의견을 말하면 '내 생각이 틀렸을 수 있다' 라고 생각하게 된다. 두 번째 이유는 '왕따'가 두렵기 때문이다. 다른 사람의 의견을 아무리 들어봐도 여전히 내 생각이 옳다고 생각하는 경우가 있다. 나를 제외한 집단이 나와 다른 의견을 내더라도 마음속으로는 내 생각이 옳다고 믿는 것이다. 그럼에도 불구하고, 내 속 마음을 숨기고 집단의 의견에 동조하게 된다. 동조할 수밖에 없는 이유는, 집단에 갈등을 일으키는 사람이 되기도 싫고 집단에서 소외될까 두렵기도 하기 때문이다.

동조 현상은 모든 집단에서 일어난다. 다만, 그 정도에
차이가 있을 뿐이다. 동조 현상이 일어나면 집단에서
합리적인 의사결정은 어려워진다. 그래서, 집단 의사결정을
할 때는 지나친 동조 현상이 일어나지 않도록 주의해야
한다.

집단 의사결정의 테이블에 올라오는 과제들은 집단에서
발생한 문제이다. 개인적인 문제들이 아니다. 집단의 문제나
집단의 목표 달성을 위한 안건들이 올라온다. 기업에서
수많은 회의들은 모두 집단 의사결정을 위한 것이다.

이렇게 집단이 모여서 의사결정을 할 때 반드시 경계해야
하는 것이 있다. 바로 집단사고(group think)이다. 집단 사고는
집단의 동조현상 때문에 일어난다. 개개인은 합리적인
사고를 하는 사람들인데, 집단적으로 회의만 하면 이상한
결론이 나오는 경우가 있다. 이것이 집단사고이다. 똑똑한
사람들만 모인 조직에서 이상하고 불합리한 결정을 내리는
이유가 집단사고 때문인 것이다.

모든 집단이 집단 사고에 빠지지는 않는다. 어떤 집단은 허구한 날 집단사고를 하고 어떤 집단은 집단사고를 잘 하지 않는다. 집단사고를 하지 않는 집단이 좋은 집단이다. 어떤 집단에서 집단사고를 많이 할까? 구성원이 동질적인 사람들로 구성되어 있는 집단이 집단 사고를 많이 한다. 동질적인 사람들로 구성되어 있으면 그러한 집단은 폐쇄성이 높다. 가장 동질적인 사람들로 구성되어 있는 집단은 어떤 집단일까? 대표적인 것이 정치 집단이다. 이념이나 사상을 같이 하는 집단이 정치 집단이다. 가장 동조 현상이 강하게 일어난다.

기업 중에서도 집단 사고가 많이 일어나는 기업이 있다. 집단 사고를 많이 하는 기업은 개방성이 낮고, 이처럼 외부에 폐쇄적인 조직일수록 집단 사고를 할 가능성이 높다. 별 능력도 없는 창업 공신 다수가 수십 년간 득세를 하고 외부의 인재 영입을 극도로 꺼리는 기업이 있다면, 그러한 기업의 의사결정 방식은 집단사고일 가능성이 높다. 그들은 대안을 평가할 때 획일성을 강조하고 비판을 허용하지 않는다. 객관적인 평가보다는 신념에 의한 평가를 우선시한다. 소수의 의견은 거의 무시된다. 모든 토론의 결론은 만장일치다.

성공적인 혁신 기업들의 공통점은 의사결정 방식에 있다. 그들은 의도적으로 구성원의 다양성을 확대한다. 조직에 단합을 외치거나 획일성을 강조하지 않는다. 이렇게 하는 이유는 모두 조직 내 동조 현상을 없애기 위한 것이다. 의사 결정할 때 동조 현상에 의해서 집단사고가 일어난다면 조직의 창의성은 물 건너간다고 믿기 때문이다.

밀집대형이 언제까지
나라를 구할 수 있을까?

군인들이 포화 속에서도 앞으로 전진하는 이유는
옆에 전우가 뛰어나가기 때문이다.

나는 역사적 서사가 있는 영화를 좋아한다. 그중 하나가
영화 〈안시성〉이다. 안시성 성주는 양만춘이다. 배우
조인성이 양만춘 역을 했는데, 안시성 성주가 꽃미남이라
영화가 더 인기를 끌었다.

전쟁 영화인 만큼 흥미진진한 전쟁 신이 많이 나온다.
그 많은 전쟁 장면 중에서 인상 깊게 기억하는 장면이
있다. 바로 밀집대형으로 적들을 몰아내는 장면이다.
약간 비현실적인 작전처럼 보이지만, 영화에서는 적군을
몰아내는 데 효과를 발휘한다. 성 위에서 적들과 엉켜서
싸우던 고구려군사들은 갑자기 꽃미남 성주 양만춘이
질러대는 소리를 듣는다.

"밀집대형!" 이 소리를 들은 병사들은 너나 할 것 없이
'밀집대형'을 복창하면서 한 줄로 늘어선다. 성벽에

밀착해서 길게 늘어선 고구려 병사들은 힘을 다해 당나라 군사들을 성밖으로 밀어서 떨어뜨린다. 당나라 군사들이 줄지어 성밖으로 밀쳐져 떨어지면서 성벽에서의 싸움이 역전된다.

이 장면은 집단에서 일어나는 응집력이 얼마나 효과를 발휘하는지를 잘 보여준다. 이러한 밀집대형과 응집력은 군대 같은 조직에서 일사불란한 힘을 발휘한다. 전투에서 명령하는 사람은 한 명이다. 나머지 병사들은 모두 한 방향으로 동시에 움직여야 한다. 조금이라도 다른 방향으로 움직이는 병사가 있으면 전투에서 질 가능성이 높아진다. 어떤 부대가 한 방향으로 응집력을 발휘하느냐가 승패를 좌우한다.

군인들은 응집력으로 움직인다. 군인들이 포화 속에서도 앞으로 전진하는 이유는 옆에 있던 전우가 뛰어나가기 때문이다. 내가 같이 전진하지 않으면 오랫동안 한솥밥 먹은 전우가 죽을 수도 있다는 걱정 때문이다. 강한 응집력이 없으면 불가능한 일이다. 그들은 전우와 함께 할 때만 안녕감을 느끼고 애국심이라는 확장된 사고를 할 수 있게 된다.

$$\blacklozenge \ \blacklozenge \ \blacklozenge$$

응집력은 인간의 본능이라는 연구가 있다. 바로 부족 본능이다. 연구에 의하면, 현대를 사는 사람들의 인식과 사고 체계는 먼 옛날 수렵, 채집하던 시절에 학습하고 축적된 본능에서 기반한다고 한다. 부족 본능도 수십만 년 동안 수렵 생활에서 형성된 본능이다. 수렵 생활을 하던 시절 인간은 부족 생활을 하고 부족과 함께 사냥을 했다. 사냥은 항상 위험했다. 생존을 다투는 야생에서 부족은 공동 운명체였다. 같이 사냥을 나선 부족을 제외하고는 모두 위협적인 존재로 경계를 했다. 이웃의 부족은 같은 사냥감을 두고 경쟁하는 생존을 위협하는 존재였다. 이 같은 상황에서 내가 속한 부족에 대해서 맹목적인 보호 본능을 갖는 것은 당연하다. 당연하다.

부족 사회의 인간에게는 어떠한 경우에도 부족을 배신하지 않는 것이 중요했다. 경쟁하는 부족과 영역 다툼을 하는 상황에서 우리 부족이 하는 행동은 모두 옳았고, 모든 것이 용서되었다. 내가 속한 부족은 항상 선이고 다른 부족은 항상 악이었다. 선악을 구분하는 다른 기준은 없었다.

응집력이 부족 본능에서 기인한 것이 사실이라면, 응집력은 필연적으로 외부에는 배타적이다. 폐쇄적일 수밖에 없다. 우리 집단 이외에는 모두 적이기 때문이다. 그래서, 군대 조직처럼 외부의 적이 명확한 상황에서는 응집력이 강해야 한다. 군대는 특수 조직이다.

그런데, 현대에는 집단의 종류가 다양하다. 고대의 부족과 같은 성격의 집단은 현재 별로 존재하지 않는다. 오히려, 본능에 충실한 응집력을 약화시키지 않으면, 성과를 내기 힘든 조직이 더 많아졌다. **문제는, 집단의 성격과 상관없이 응집력은 높을수록 좋다는 생각이 여전히 많다는 사실이다.**

응집력을 무턱대고 높이려고 하다가 사고가 나는 경우가 있다. 대표적인 것 중의 하나가 대학생 신입생을 대상으로 하는 신고식이다. 요즘에는 많이 사라졌다고 하지만 여전히 발생한다. 술을 강제로 먹이거나 가혹행위를 하는 경우가 있어서 뉴스에 간혹 등장한다. 가해자들을 조사를 하면 그들은 항상 같은 말을 한다.

"신고식을 해야 소속감도 생기고 단합도 잘 된다고 생각했다."

"빨리 친해지려고 한 것이다."

"오랜 전통이고 나도 신입일 때는 지금보다 더 했다."

힘 있는 집단은 응집력이 강한 집단이라는 등식이
성립한다는 착각을 한다. 개인을 존중하거나 개인의
다양성을 존중하는 태도가 여전히 한참 부족하다. 여전히
'단합' '단결' '소속감' 같은 것들에 높은 가치를 부여한다.
갈등은 무조건 나쁜 것으로 생각하고 다수와 다른 생각을
하면 집단에서 소외시킨다. 개인은 무조건 집단에 순응해야
한다는 생각이 강하다. 어린 학생들도 이런 경우가 많으니
어른 세대로 구성된 조직은 오죽하겠는가?

◆ ◆ ◆

성공적인 혁신 기업들은 무조건적인 응집력을 경계한다.
그들이 최고로 생각하는 가치는 '단합' '일사불란'
'만장일치' '규율' '집단 우선' 같은 것들이 아니다. 이러한

개념들은 응집력과 연관되어 있다. 대신, 혁신 기업들이 추구하는 가치는 '다양성' '자율' '다이내믹' '창의성' '개인 존중' 같은 것들이다. 이러한 가치들은 응집력과는 별로 관련 없는 것들이다. 혁신을 추구하는 기업들은 응집력과 적당한 거리를 둔다.

혁신 기업들이 '단합'을 중요하게 생각하지 않는다고 하면 이렇게 반론을 하는 사람이 있을 수 있다. "혁신 기업들도 팀워크를 강조하지 않나? 팀워크 없이 어떻게 성과를 낸다는 말인가?" 맞다. 모든 혁신 기업들은 팀워크를 모두 중요한 가치로 여긴다. 그런데, 여기서 말한 '단합'은 '팀워크'와 다르다. 단합은 무조건적이다. 다시 말하면, "우리가 남이가."를 외치는 단합을 말한다. **"우리가 남이가." 를 외치는 것은 혁신과는 아주 먼 외침이다. 향우회나 동창회에서는 필요한 구호이지만, 혁신을 해야 살 수 있는 기업에서는 외쳐서는 안 되는 구호다.**

이에 반해, 팀워크는 철저히 업무적인 연결을 말한다. 전문성이 높은 개인들이 서로의 전문성을 효율적으로 연결해서 집단의 성과를 올리는 기술을 말한다. 팀워크는 무조건적인 응집력을 말하는 것이 아니고 무조건적인 희생을 말하는 것도 아니다. 다양한 직무들을 효율적으로 연결하고 관리하는 프로세스가 팀워크이다.

'단합'만 강조하는 기업은 혁신적일 수 없고, 팀워크를 잘 하는 기업은 혁신적이다.

약한 연결고리의 힘

사람과의 관계를 유지하는 데는 에너지가 필요하다.
내가 가지고 있는 에너지의 총량은 제한적이다.

혼자 할 수 있는 일은 별로 없다. 사업을 하든 직장 생활을 하든 다른 사람과 함께 일한다. 다른 사람의 협조나 도움은 반드시 필요하다. 그래서, 우리는 항상 '누가 나에게 도움이 될까'를 항상 생각한다.

'약한 연결 고리의 힘(strength of weak ties)'이라는 말이 있다. 1974년 스탠퍼드 대학의 마크 그라노베터 교수가 그의 논문에서 소개한 내용이다. 여기서 연결 고리라는 것은 사람과의 관계의 정도를 말한다. 약한 연결 고리는 사람과의 관계가 약하게 연결되어 있는 것이고, 강한 연결 고리는 사람과의 관계가 강하게 연결되어 있는 경우이다. 마크 교수는 현대 사회는 과거보다 약한 연결 고리가 인생에 더 도움이 되는 경우가 많다고 주장한다. 그러면서, 자신이 연구한 취업자 수의 데이터를 보여준다.

그의 연구에 의하면, 연고로 취업한 사람의 83%가 '그냥 아는 사람'의 도움으로 취업을 했다. 친척이나 친한 친구는 별로 취업에 도움이 되지 못했다. 약한 유대관계가 강한 유대관계보다 오히려 인생에 도움이 된다는 흥미로운 연구 결과이다.

우리는 많은 사람과 유대관계를 맺는다. 기업에서 일할 때도 그렇고 일반 사회 생활에서도 그렇다. 유대관계가 강할수록 나중에 도움이 많이 될 것이라는 믿음 때문이다. 그런데, 실상은 강한 유대관계가 그다지 도움이 되지 않는다는 것이다. 오히려, 약하게 연결되어 있는 사람이 결정적으로 더 도움을 줄 때가 많다는 것이다.

강한 연결 고리의 대표적인 예는 가족, 친척, 고향 친구이다. 그렇다면, "가족, 친척, 고향 친구가 인생에 도움이 되지 않는다는 말인가?"라고 의문을 제기할 수 있다. 그런데, 마크 교수가 언급하는 도움은 사생활 영역을 말하는 것이 아니다. 그가 말한 것은 사회 생활 영역이다. 사업, 취업, 성과, 투자 의사결정, 진로, 경력 관리 등은 사회 생활 영역들이다. 이러한 사회 생활 영역에서도 가족, 친척, 고향 친구의 연결 고리를 이용하는 것은 분명 한계가 있다.

가족, 친척, 고향 친구 등과의 강한 유대 관계에만 집착하면 어떤 문제가 생길까? 네트워크의 확장 가능성이 매우 낮다는 데 문제가 있다. 가족, 친척, 고향 친구 등은 그 수가 얼마 되지 않는다. 지금은 소수와 강한 유대를 맺는 것보다는 다수와 약한 유대관계를 다양하게 맺는 것이 더 유리한 시대이다. 현대를 초 연결사회라고 하는 이유이다.

사람과의 관계를 유지하는 데는 에너지가 필요하다.

내가 가지고 있는 에너지의 총량은 제한적이다. 시간, 돈, 열정은 제한되어 있다. 이러한 제한된 에너지를 어떻게 사용할 것인가를 잘 선택해야 한다. 누구는 소수의 관계에 에너지를 집중하고 누구는 다수와의 관계 유지에 에너지를 분산시킨다. 현대와 같은 연결 사회에서 어떤 방법이 더 효율적인지를 생각해 볼 일이다.

♦ ♦ ♦

나도 약한 연결 고리의 힘을 경험한 적이 있다. 2018년에
첫 책을 출간했다. 처음에는 책을 한 권 썼다는 사실 자체에
만족하고 있었다. 하지만, 시간이 조금 지나면서 욕심이
생겼다. 자연스럽게 이런 생각을 하게 되었다.

"책이 많이 팔려서 교보문고나 예스 24의 베스트셀러
순위에 들면 좋겠다."

이런 생각을 하고 있는 것은 나만이 아니었다. 출판사는 더
간절했다. 책 판매 부수만큼 이익이 생기는 것이니 당연한
일이다. 출판사의 영업본부장이 수 차례 전화로 이런
요청을 해왔다.

"작가님도 광고를 많이 하고 다니셔야 해요. 주변에
친척이나 친한 지인들도 적극적으로 만나시고, 특히 잘
아는 직장 동료들에게도 연락을 많이 하셔야 합니다."

이런 요청을 듣고 가만히 있을 수 없었다. 나는 가까운
친척과 오랜 친구들에게 적극적으로 연락하기 시작했다.
사람들을 직접 만나기도 하고 카톡이나 전화로 출간 소식을

알렸다. 전 직장 동료, 후배, 상사들에게도 출간 소식을
알렸다. 친척, 친구, 전 직장 동료들은 모두 나와 매우
각별한 사람들이다. 하나같이 오랫동안 관계를 유지해 왔다.
나는 큰 기대를 했다.

"이렇게 말을 했으면 몇 권씩 사주겠지."

나의 기대는 금방 깨져버렸다. 별로 책의 판매가 증가하지
않은 것이다. 내가 그렇게 부탁한 친척, 친구, 전 직장
동료들 중에서 내 책을 사 준 사람은 몇 되지 않았다.

이처럼 절망적인 상황에서 나에게 큰 도움을 준 사람들이
있었다. 의외의 곳에서 도움을 주는 사람들이 나타났다.
바로 블로그 이웃들이다. 나는 책이 출간되기 6개월
전부터 블로그에 글을 쓰고 있었다. 책을 출간할 당시
블로그 이웃은 채 1,000명도 되지 않았다. 나는 블로그의
공지사항에 책 출간소식을 알렸다. 그러자, 의외의 반가운
반응들이 나왔다. 공지를 하자마자 수십 개의 "축하한다."는
댓글이 달렸다. 그리고, 책을 사 보겠다는 댓글도 다수
눈에 띄었다. 며칠이 지나서는 몇몇 이웃들이 실제로 책을

읽고 나서 '독서 후기'를 올리기 시작했다. 그래서, 책 제목인 〈8시간〉을 네이버에 검색하면 다수의 독서 후기가 조회되었다. 강한 연결 고리를 가진 친척, 친구, 전 직장 동료 중에서 독서 후기를 써 준 사람은 한 명도 없었다. 뜻밖의 도움을 받은 일이 하나둘 생기면서 책의 판매 부수가 서서히 올라가기 시작했다. 블로그에 출간 소식을 알린 지 보름 정도가 지났다. 내 책은 예스 24의 자기계발 분야 베스트셀러가 되어 있었다.

책의 출간은 나에게 매우 중요한 일이었다. 책 출간을 계기로 제 2의 커리어를 개척할 계획을 세워 두었기 때문이다. 이처럼 중요한 일을 진행할 때, 강한 유대관계에 있던 친구, 친척, 동료들은 크게 도움이 되지 못했다. 오히려, 아무 기대를 하지 않았던 블로그 이웃들이 큰 힘이 되어 주었다. 그들, 블로그 이웃들은 얼굴 한 번 본적이 없는 사람들이다. 블로그 이웃들은 전형적인 약한 연결 고리였다.

대량 살 처분 당하는 불쌍한 닭들

왜 닭의 유전자 다양성이 사라졌을까? 이유는 단순하다.
사람이 그렇게 만들었기 때문이다.

"이곳은 조류인플루엔자 발생 지역입니다. 차량 출입을 금지합니다." 푯말 주변에는 두 명이 흰 우주복 같은 옷으로 온몸을 감싸고 도로를 가로막고 있다. 조류인플루엔자의 발생을 알리는 한 보도 기사[▲]의 사진에 나타난 모습이다. 기사에 나온 지역은 경기도 이천시의 한 산란계 농장 앞이다. 이 농장의 닭에게서 조류인플루엔자 항원이 검출된 것이다.

끔찍한 일이다. 수십만 마리의 닭 중에서 한 마리에게서만 항체가 검출되어도 수십만의 애꿎은 닭들이 매장당한다. 닭들에게는 불쌍한 일이고, 농장주에게는 안타까운 일이다. 이

▲ 중앙일보 2022.11.27
https://www.joongang.
co.kr/article/25120898

뉴스를 시작으로 해서 한동안 AI 관련 기사가 이어졌다. 이천에서 발생한 AI는 경기도 일대로 퍼져 나갔다. 방역 당국은 AI 발생 지역을 최대한 차단하려고 노력했다. 하지만, 살 처분하는 닭의 수는 점점 증가했다. 급기야 파장은 도시 지역까지 퍼졌다. 주부들은 마트에서 닭을 사지 않았다. '치맥'의 매출도 급격히 줄었다.

이런 일련의 상황을 보면서 한 가지 의문이 생겼다. 왜 한 마리만 AI에 감염되어도 수만 마리의 멀쩡해 보이는 닭을 모두 살처분 하는지 말이다. 너무 과도하다는 생각이 들었기 때문이다. 방역당국이 이렇게 과하게 대응하는 이유는 그만큼 AI의 전염성이 높기 때문이라고 한다.

그렇다면, 왜 이렇게 닭들은 전염병에 취약해졌을까? 만약 전염력이 조금이라도 낮다면 이처럼 큰 손실은 생기지 않을 텐데 말이다. 생물학자들은 그 이유를 종의 다양성 상실 때문이라고 설명한다.

생물학자의 연구에 의하면, 양계장에서 기르는 닭들은 거의 복제 닭 수준이라고 한다. 같은 종에서도 유전자 다양성이 있으면 하나의 바이러스에 그렇게 허무하게 모두 당하지는 않는다는 것이다. 그렇다면, 왜 닭의 유전자 다양성이 사라졌을까? 이유는 단순하다. 사람이 그렇게 만들었기 때문이다. 사람은 자신이 원하는 닭의 종류만 선택적으로 기르기 시작했다. 고기의 질도 연하고 알도 잘 낳는 닭만 기른 것이다. 조금이라도 고기의 질이 거칠거나 알을 잘 낳지 못하면 가차 없이 멸종을 시켰다. 이런 일들이 수천 년 동안 이어오면서 닭의 유전자 다양성은 완전히 소멸되었다. 표준화된 닭의 종류만 남은 것이다.

유전자 다양성이 없는 상태에서 조류바이러스가 닭에게 침투한다. 그러면, 동일한 유전자 특성을 가진 모든 닭들이 동시에 전염이 되어 버린다. 만약에 유전자가 다양하다면 모두가 전염되지 않고 일부는 살아남게 된다. 다른 유전자 특성을 가진 닭은 침투한 바이러스에 강할 수 있기 때문이다. 유전자 다양성만 있다면 과도한 집단 살처분을 하지 않아도 된다.

◆ ◆ ◆

유전자 다양성 문제로 멸종위기에 몰린 생물이 또 있다.
바로 바나나다. 마트에서 언제든지 사서 먹을 수 있는
바나나가 멸종위기라니 믿기지 않는다. 하지만, 사실이다.
생물학자들은 현재 재배되고 있는 바나나 품종의 멸종
위기설을 제기하고 있다. 이런 나쁜 소식이 들리는 이유는
무엇일까? 이 역시도 바나나의 유전자 다양성이 취약하기
때문이다. 양계장 닭이 AI에 취약한 것과 같다.

1950년대 이후 전세계 바나나 생산량의 대부분을
차지하는 바나나 품종은 캐번디시라는 단일 품종이다.
캐번디시 바나나는 영국에서 집단적으로 재배되기
시작하면서 전세계적으로 퍼져 나갔다. 그런데, 문제가
생겼다. 바나나가 푸사리움이라는 곰팡이 균에 감염되면서
전세계적으로 감염병이 확대되기 시작한 것이다. 이 병은
변종 파나마병이라고 불리는데, 캐번디시는 특히 이 병에
취약하다. 아직 이 병을 퇴치할 방법을 찾지 못했다. 설사
찾는다 해도 다른 변이된 곰팡이 균이 변종 파나마 병을

대체할 것이 뻔하다. 일부 바나나 전문가들은 이렇게 말한다.

"변종 파나마병에 대응할 수 있는 새 품종을 개발하지 않는다면 5~10년 후에는 전 세계의 식탁에서 바나나가 사라질 수 있다."

아마도 바나나가 식탁에서 사라지지는 불행한 일은 생기지 않을 것이다. 과학자들이 분명 새로운 바나나 품종을 개발할 것이기 때문이다. 하지만, 여전히 단일 품종일 가능성이 높다. 대량생산을 위해서는 당연히 동일한 유전자를 가진 단일 품종을 생산해 내는 것이 비용 측면에서 유리하기 때문이다. 새롭게 개발되는 품종은 변종 파나나 병이라는 현재 유행하는 병에는 강할 것이다. 하지만, 새로운 전염병은 다시 등장하게 되어 있다. 새로운 전염병은 다시 바나나를 멸종 위기로 몰아갈 것이다. 무한 반복이다. 종의 다양성이 확보되지 않는 이상 이런 일은 계속된다.

◆ ◆ ◆

지금은 굶어 죽는 사람이 별로 없다. 극히 일부의 국가에서 여전히 발생한다고 하지만, 그 숫자는 그리 많지 않다. 하지만, 과거에는 굶어 죽는 사람이 대규모로 발생한 적이 많다. 세계 역사상 몇 차례의 대기근이 발생했다. 그 중에서도 가장 잘 알려진 것이 '아일랜드 대기근'이다. 아일랜드 대기근 시대에 아일랜드에서는 100만 명이 넘는 사람들이 굶어 죽었다. 1845년에서 1852년 사이의 일이다. 1845년 아일랜드 일대에 감자 역병이 번지기 시작했다. 당시 감자는 아일랜드인의 주식이었다. 감자에 역병이 돌면서 생산이 급격히 감소하자 식량 부족으로 아사자가 급증하게 되었다. 감자를 키우지 못하면 다른 곡식이라도 있으면 되는데, 밀과 옥수수 같은 다른 곡식들은 모두 영국 차지가 되어 아일랜드에는 별로 없었다. 그래서, 아일랜드인들은 감자 이외에는 실질적으로 먹을 것이 없는 상태에 처해 있었다.

감자에 역병이 왜 이렇게 빨리 그리고 치명적으로 번지게 된 것일까? 당시 아일랜드의 감자는 아이리시 럼퍼(Irish Lumper)라는 단일 품종이었다. 이 감자는 매우 하얗고 맛이 좋았으며 생산량도 많았다. 다만 진균류에 약했다. 진균류에 의해 병이 든 감자는 다시 다른 감자를 감염시켰다. 동일한 유전자를 가진 감자는 모두 치명적인 병에 동시에 노출된 것이다. 결국, 한 가지 품종만 심은 것이 대기근의 원인이 된 것이다.

앞에서 든 몇 가지 사례에서 볼 수 있듯이, 다양성 없이는 건강한 생태계를 유지할 수 없다는 것은 이미 입증된 사실이다. 인간이 인위적으로 만들어 놓은 단일 품종들은 항상 취약점을 가지고 있다. 대량 생산을 포기하고 무작정 유전자 다양성만 보장하는 것도 문제가 있을 수 있다. 하지만, 극단적인 다양성 파괴가 큰 재앙을 가져온다는 사실도 잘 알고 있어야 한다. 건강한 생태계를 위해서 의도적으로 다양성을 확대해야 하는 이유이다.

◆ ◆ ◆

기업도 다양성을 추구해야 한다고 말한다. 왜 그럴까?
기업도 살아 있는 생명과 비슷하기 때문이다. 기업도
생명처럼 태어나고 성장하고 죽는다. 영원히 멸종하기도
한다.

생물다양성이 생태계에 좋은 것처럼 조직 내 다양성도
조직을 건강하게 만든다. 조직도 생태계와 같아서 언제든지
외부에서 위험스러운 것이 침투한다. 조직이 이러한 위험에
노출되었을 때 쉽게 무너지는 조직이 있고 쉽게 무너지지
않는 조직이 있다. 동질의 조직에 치명적인 위험이
침투한다면 그 조직은 쉽게 무너지고 만다. 모두가 동일한
대응을 취할 것이기 때문이다. **만약에 다양성이 확보된 조직에
위험이 닥칠 경우, 어떤 부분은 위험에 노출될 수 있어도 다른 부분은 그
위험에 강하게 대응할 수 있다. 다양한 구성원으로부터 다양한 대응방안과
해법이 시도될 것이기 때문이다.**

기업이 망하는 직접적인 원인은 재무적 요인이다. 매출이
적거나 이익이 적으면 기업은 망한다. 기업이 재무적

위험에 처하는 이유는 여러 가지를 꼽을 수 있어서 한 가지로 단정하여 말할 수 없다. 하지만, 망한 기업을 보면 혁신에 실패하거나 창의적 상품의 출시에 실패한 경우가 많다. 혁신과 창의성은 조직 다양성이라는 토양에서만 자란다. 이런 측면에서 보면, 조직의 다양성 부족이 기업을 망하게 하는 원인이 되었다고 해도 무리가 없다.

자연은 아무 때나
정화되지 않는다

건강한 생태계에서는 다양한 개체와 물질들이 상호작용을 하게 되고,
이러한 상호작용을 통해서 자연스럽게 물은 정화된다.

20세기 들어서 뉴욕시는 세계적인 도시로
급격히 팽창했다. 전 세계에서 사람들이
몰려들었다. 인구밀도는 올라갔고 도시 주변의
자연은 자연스럽게 오염되기 시작했다. 가장
심각하게 오염된 것은 물이었다. 뉴욕시는
깨끗한 물 확보를 위한 고민을 심각하게
시작했다. 뉴욕시 정책결정자와 환경전문가들은
치열한 토론을 거쳐서 최적의 방법을 선택하기
위해 노력했다. 뉴욕시는 최종적으로 2가지
대안을 만들었다.▲

▲ 생물다양성은 우리의 생명. 유네스코한국위원회, 2010

대안 중 하나는 정수장을 집중적으로 설치해서
오염된 물을 화학적으로 정화시키는 것이다.

정수장의 설치에는 60억 달러가 예상되었고, 운영비로는 매년 3억 달러가 예상되었다. 정수장의 설치와 운용은 대부분의 도시의 기관에서 하는 방법이다.

다른 대안은 정수장을 대대적으로 설치하는 대신 숲을 복원하는 데 더 많은 돈을 투입하는 것이었다. 물론 정수장을 전혀 설치하지 않는 것은 아니다. 화학적 처리 설치에 100% 의존하는 방식을 선택하지 않고, 자연에서 스스로 물을 정화하도록 만드는 방법을 강화하는 방식이었다. 이는 곧 숲의 다양성을 증가시켜 근본적으로 환경을 개선하는 방법을 취한 것과 같은 의미이다. 다만, 이 방법은 정수장만을 만드는 방법보다 훨씬 시간이 많이 걸리는 일이었다.

뉴욕시는 두 번째 방법을 택했다. 숲을 복원함으로써 숲의 생명 다양성을 높이기 시작했다. 숲을 복원하는 다양한 노력을 기울였다. 숲이 서서히 복원되면서 숲의 다양성이 확보되기 시작했다. 숲의 다양성이 확보되자 물의 자연 정화 기능이 회복되었다. 결과적으로 뉴욕시로 유입되는 물의 질이 올라가기 시작했다.

물의 자연 정화는 어떤 원리와 프로세스를 거칠까? 자연 정화는 자연 스스로 깨끗해지는 작용을 하는 것을 말한다. 이런 자연 정화는 생태계의 다양한 상호 작용을 통해서만 가능하다. 예를 들어서, 물이 흐르는 계곡에는 많은 나무와 풀들의 뿌리가 물속에 노출되어 있다. 이러한 나무와 풀의 뿌리들은 물의 오염물질들을 흡수하는 작용을 한다. 계곡에 쌓여 있는 모래나 깨끗한 흙들은 유기 물질들을 여과하는 역할을 한다. 물속에 사는 다양한 미생물들도 중요한 역할을 한다. 바로 유기물들을 먹어 치워 분해해 버리는 일이다. 이처럼 건강한 생태계에서는 다양한 개체와 물질들이 상호작용을 하고 있으며, 이러한 상호작용을 통해서 물은 자연스럽게 정화된다.

자연 정화가 좋은 이유는 인위적이지 않기 때문이다. 환경 생태계가 스스로 작동한다. 스스로 작동하기 때문에 지속 가능하다. 생태계가 스스로 작동하기 위해서는 조건이 갖춰져야 한다. 바로 생태계 다양성이다.

◆ ◆ ◆

기업 이야기로 넘어가본다. 현대 기업이 중요하게 생각하는 가치는 윤리 경영이다. 윤리 경영은 법과 규정을 잘 지키는 경영방식을 말한다. 윤리 경영을 제대로 하기 위해서는 법과 규정 이외에 도덕적 규범까지 잘 지켜야 한다. 기업이 윤리적으로 비난을 받으면 기업 경영에 치명적인 결과가 나타나는 시대이다. 그래서, 기업은 조직 문화를 윤리적으로 만들기 위해서 노력한다. 경영자와 직원들 모두가 법과 규정을 잘 지키고 비윤리적인 행동을 하지 않는 분위기를 유지해야 한다. 그렇다면, 어떻게 조직을 윤리적인 조직으로 만들 수 있을까?

방법은 조직을 다양한 출신의 사람들로 구성하는 것이다. 구성원들이 다양하지 않으면 강한 사적 관계가 유지될 수 있다. 조직 내에서의 일처리가 시스템에 의해서 이루어지는 것이 아니라 관계에 의해서 이루어진다. 조직이 윤리적이기 위해서는 구성원 상호 간에 적절한 견제가 있어야 하고 건강한 감시가 있어야 한다. 동질성을 기초로 한 사적

관계는 견제와 감시를 불가능하게 한다. 조직의 자연
정화가 어렵다. 자연 생태계에 다양성이 파괴되면 자연
정화가 이루어지지 않는 것과 같은 원리다.

인사팀의 기능 중 하나는 징계위원회를 여는 것이다.
회사마다 징계에 대한 시각이 다르다. 어떤 회사는 징계에
대해 엄격하고 어떤 회사는 '좋은 게 좋은 거'라는 식으로
가볍게 처리하는 경우도 많다. 기업의 징계위원회는
사법기관이 아니기 때문에 기업의 철학과 문화가 그대로
반영된다고 볼 수 있다. 그런데, 분명한 것은, 윤리적으로
건강한 조직은 상과 벌이 명확해야 한다는 점이다.
이런 의견에 이론을 제기하는 사람은 없다. 다만, 실제
실천하기는 쉽지 않다.

D 회사는 세계적으로 유명한 제조업체이다. 해당
산업에서 세계 1위 기업인데 나는 이 회사의 인사담당
임원으로 근무했었다. 입사하자마자 한 달도 되지 않아
징계위원회를 개최하게 되었다. 징계위원회 개최를 위해서
나는 윤리담당임원을 만났다. 그는 한국의 CEO에게

직접 보고하지 않고 독립적으로 일했다. 윤리담당임원은
회사 내에서 발생하는 모든 직원의 법률 위반, 규정 위반,
비위 사건을 조사하고 처리했다. 그는, 윤리 위반 사건을
인지하면 독립적으로 조사를 벌었다.

윤리담당임원은 그가 조사한 영업사원의 규정 위반
내용을 나에게 설명했다. "영업사원 A 부장 외 2명이
고객에게 사용해야 하는 식사비와 접대비를 직원 회식비로
사용했습니다. 이는 중대한 규정 위반이고 회사 비용을
횡령한 것입니다."

나는 즉시 징계위원회를 구성하고 위원회를 개최했다.
징계 결과는 어떻게 되었을까? 3명 모두에게 정직 3개월이
결정되었다. 내가 예상한 것을 훨씬 뛰어넘는 최고 수위의
징계였다. 징계위원회 위원들의 냉정함에 놀랐다. 나의
경험에 비추어 볼 때, 다른 기업보다 징계 수위가 좀 높았다.
3명의 영업사원이 정직될 경우 영업본부의 영업 실적에
부정적인 영향을 끼칠 것은 명확했다. **하지만, 영업실적은
고려대상이 되지 않았다. 당장의 영업실적보다 엄격한 윤리의 적용이 훨씬**

중요하다는 논리다. 말로만 하지 않고 진짜로 실천하는 것을 보고 약간 놀랐다.

이 회사의 징계 수위가 높은 배경에는 무엇이 있을까? 첫째는 상벌에 대해 엄격한 회사의 규정 때문일 수 있다. 하지만, 이것만 가지고는 설명하기 어렵다. 가장 중요한 요인은 징계위원회의 구성 때문이다. 징계위원들은 주요 임원들로 구성이 되는데 그들은 모두 다양한 출신 배경을 갖고 있다. 징계위원들의 다양성이 징계 규정의 엄격한 적용을 가능하게 했다.

징계위원회 위원은 5명으로 구성되어 있었다. 위원은 CEO, 법무담당임원, 인사담당임원, 윤리담당임원, 재무담당임원이다. 위원 중 4명이 외부 기업 출신이다. CEO는 다른 외국계 기업 CEO출신이다. 법무담당임원은 미국 검사 출신으로 한국의 대형 로펌에서 일하다가 1년 전에 입사했다. 인사 담당 임원이었던 나는 입사한 지 1개월밖에 안 된 사람이었다. 재무담당임원은 인도 사람이었는데, 아시아태평양 지역 재무담당임원으로 있다가 1년 반 전에 한국으로 왔다. 윤리담당임원만 이 기업 출신인데, 이 기업에서만 25년을 다녔다.

이처럼 다양한 징계위원회의 구성은 소위 '정실 인사'를 할 수 없게 만들었다. 오로지 징계 수위의 결정은 '규정대로'였다. 위원들 중에 징계 대상과 오랜 친분이 있는 사람은 없었다. 징계대상자에 대한 선입견도 없고 사적 감정도 없었다. CEO, 법무임원, 재무임원은 징계위원회에서 그 직원들을 처음 보았다. 이런 상황에서 사건에 대한 논의나 징계 수위의 결정은 객관적일 수밖에 없다.

반면에, 징계위원들이 징계 대상들과 잘 아는 사이라면 어떻게 될까? 징계 대상자들과 강한 공적 사적 유대관계가 있고 술도 여러 차례 마셨었다면? 같은 사내 동호회 멤버라면? 같은 학교 선후배 관계였다면? 이러한 강한 유대관계가 반드시 나쁜 것은 아니다. 하지만, 이런 강한 유대관계가 있었다면, 상벌을 검토할 때 객관적이고 냉정하기 쉽지 않다.

징계를 할 때만 구성원의 다양성이 객관성을 높이는
것이 아니다. 상을 줄 때도 마찬가지이다. 리더급들의
여성 비율이 높고, 외국인도 있고, 나이 차이도 다양하다.
출신회사들도 다른 경우가 많다. 이처럼 다양한 구성원들이
모여 있기 때문에, 승진을 결정하거나 해외 교육 기회를
주거나 할 때 사적인 관계는 거의 작동하지 않는다.
자연적으로 서로 견제하고 통제하는 분위기가 일상에서
형성된다.

사회적 태만을 방치하는 조직들

집단에서 개인이 최선을 다하지 않은 이유는
그들이 악한 사람들이기 때문이 아니다.

링겔만이라는 학자가 재미있는 실험을 했다. 그는 적당한
길이의 밧줄을 하나 준비한 다음 밧줄의 한쪽 끝에
압력계를 달아서 고정시켰다. 그다음 압력계가 달려 있지
않은 반대편 밧줄 끝을 한 사람, 혹은 여러 명의 사람들이
함께 잡아끌도록 했다. 링겔만이 한 실험은 압력계를
가지고 집단의 당기는 힘과 개인의 당기는 힘을 비교
측정하는 것이었다.

첫 번째 실험에서는 세 명이 참여했다. 먼저 세 명의
당기는 힘을 각자 측정을 했는데, 각각 100 정도 나왔다.
다음으로는 세 명이 집단으로 밧줄을 당기도록 했다. 세
명이 집단으로 당기는 힘은 255가 나왔다. 세 명의 단순한
힘의 합은 300이 되는데, 집단의 힘은 255에 그친 것이다.
이번에는 8명을 가지고 실험을 했다. 8명의 각각의

당기는 힘도 100 정도였다. 다음으로 8명이 한꺼번에 밧줄을 잡아당겼다. 얼마가 나왔을까? 고작 392라는 힘이 측정되었다. 8명의 단순한 힘의 합은 800인데, 실제 집단의 힘은 고작 392였던 것이다. 차이가 너무 났다.

링겔만은 여러 차례 실험을 통해 다음과 같은 결론을 이끌어냈다. "집단이 커질수록 참여하는 사람들이 자신의 힘보다 더 적은 힘을 가한다. 즉, 집단이 커질수록 집단의 효율은 점점 더 적어진다." 이를 링겔만 효과라고 부른다. 링겔만은 이런 현상이 일어나는 이유를 사회적 태만으로 설명했다. 사회적 태만은 무임 승차와 비슷한 말이다. 집단으로 일할 때는 다른 사람이 모두 열심히 일하기 때문에 내가 열심히 일하지 않아도 집단의 성과에는 별 영향을 미치지 않는다고 생각하게 된다. 이런 생각이 들면 자신의 능력을 다 발휘하지 않고 태만하게 행동한다.

사회적 태만 현상은 우리 주변에서 흔히 볼 수 있다. 얼마 전에 뮤지컬 공연을 간 적이 있다. 뮤지컬 공연이 끝나면 관중들이 모두 박수를 친다. 그것이 공연 매너다. 그런데,

박수를 치지 않는 사람이 꼭 있다. 감동을 하지 않았기 때문이 아니고 그냥 안 치는 것이다. 왜냐하면, 자기 한 사람 박수 안 친다고 전체 관중의 분위기에는 문제가 없다고 생각하기 때문이다. 일종의 사회적 태만이다.

사회적 태만 현상은 학교에서도 흔하게 볼 수 있다. 대학생들이 제일 싫어하는 것이 팀별 과제라는 설문을 본 적이 있다. 왜 그럴까? 팀으로 하면 꼭 대충 대충하고 팀의 성과에 공헌을 하지 않는 학생이 있기 때문이다. 대학생들은 그런 무임승차를 하는 친구와 같이 프로젝트를 하는 것이 싫은 것이다.

링겔만 효과가 생기는 이유는 집단에서 개인의 공헌도가 잘 드러나지 않기 때문이다. 집단에서 개인이 최선을 다하지 않은 이유는 그들이 악한 사람들이기 때문이 아니다. 시스템이 그렇게 만들었다. 개인을 탓할 문제가 아니다.

그렇다면, 링겔만 효과가 생기지 않도록 하는 방법은 없을까? 집단에게 개인의 공헌도가 잘 측정될 수 있도록 하면 된다. 예를 들어, 링겔만의 밧줄 실험에서 개개인들이 최선을 다하게 하는 방법은 무엇일까? 이런 방법을 생각할 수 있다. 개인의 공헌도를 측정하기 위해서 각 밧줄에 각각 압력계를 다는 것이다. 집단으로 한번에 당기되 각 개인의 압력을 계산하는 것이다. 즉 세 명이 참여할 때는 세 개의 밧줄을 동시에 당기게 하고, 8명이 참여할 때는 8개의 밧줄을 동시에 당기게 하면 된다. 이렇게 하면, 집단의 힘도 측정할 수 있고 개인의 공헌도도 측정할 수 있다.

스포츠에는 수많은 집단경기가 있는데, 여기서는 링겔만 효과 같은 부정적인 현상이 잘 나타나지 않는다. 선수들은 집단 경기에 임하면서도 자신의 위치에서 100%의 실력을 발휘한다. 축구만 해도 그렇다. 2022 카타르 월드컵에서 우리나라는 16강에 진출하는 훌륭한 성과를 이루었다. 이 때 언론과 국민들은 팀 전체의 성과에 열광하기도 했지만, 선수 개개인의 공헌도를 따져가면서 칭찬의 수준을 달리했다. 매 경기 팀 전체의 흐름을 주도한 손흥민 선수에게 격찬이 쏟아졌다. 그리고, 16강을 결정지은 대 포르투갈 전에서 역전골을 넣은 황희찬에게 언론의 집중 조명이 이루어졌다. 반면 존재감이 약했던 선수에게는 아쉬움을 표현하기도 했다. 이 같은 개별적인 평가가 가능한 이유는 경기 내내 선수 개개인의 득점, 도움, 반칙, 뛰는 거리 등 모든 요소들을 체크할 수 있기 때문이다. 이처럼 집단에서도 개별적인 평가가 적나라하게 이루어져야 한다. 집단의 성과에서 개인의 성과를 구분해 낼 수 있어야 한다. 개인의 성과를 구분하지 않은 채 집단의 성과만을 가지고 똑 같이 보상을 하면 안 된다.

◆ ◆ ◆

링겔만 효과와 비슷한 맥락의 연구결과가 또 하나 있다. 바로 파킨슨의 법칙이다. 파킨슨은 영국의 역사학자로서 영국의 해군성에 대한 연구를 하고 있었다. 그러다가, 해군성의 직원 수와 군함의 수를 유심히 보게 되었는데, 놀라운 사실을 발견하게 된 것이다. 1914년 영국의 주력 군함의 수는 62대였는데 이 군함들이 1928년에 20척으로

70% 가까이 줄어들었다. 그런데, 이상한 일은 해군성에서 일하는 공무원 수는 오히려 대규모로 증가한 것이다. 1914년 2,000명이었던 공무원 수는 오히려 3,569명으로 80% 가까이 증가했다. 주력 군함이 줄게 되면 해군을 지원하는 해군 공무원 수는 줄어야 하는 것이 마땅한데 오히려 그 수가 급증한 것이다. 대규모 전쟁이 일어나거나 갑자기 전략적인 작전 수행이 증가한 것도 아닌데 말이다. 파킨슨은 해군성에서 쓸데없이 공무원 수가 증가하는 하는 현상을 발견하고서 식민성으로 연구를 확대했다. 식민성은 영국의 식민지 국가를 관리하는 업무를 한다. 식민지 수가 많으면 당연히 공무원 수가 증가하겠지만, 식민지 수가 감소한다면 그만큼 공무원 수가 감소하는 것은 너무 당연하다. 그런데, 완전히 다른 현상을 보인 것이다. 1935년에 영국 신민성의 공무원 수는 372명이었다. 그런데, 식민지가 대부분 줄어든 1954년 공무원 수는 1,661명으로 오히려 4배 가까이 증가했다.

파킨슨은 영국의 해군성과 식민성의 사례를 통해서 "일정

규모 이상의 조직에서는 업무의 증가와 별 상관없이 직원의 수는 지속적으로 증가한다."라는 연구 결과를 발표했다. 왜 업무와 상관없이 직원 수는 증가할까? 파킨슨은 그 이유를 이렇게 설명한다.

"사람은 상위 직위로 승진하기 위해서는 부하 직원이 필요하다. 그래서, 업무와 상관없이 직원 채용이 필요하다. 이런 현상은 거의 모든 조직에서 발생하는 현상으로 사회생태학적 법칙이다."

파킨슨의 법칙은 나의 경험과도 일치한다. 인사팀은 연말에 내년의 인력 수요를 각 부서로부터 받는다. 내년의 전체 인력 운용계획과 채용 계획을 수립하기 위해서다. 부서별로 인력 수요를 받아서 집계를 하면 항상 엄청난 숫자가 된다. 회사의 경영 성과가 좋으면 그래도 이해가 가는데, 회사의 경영 성과가 급전 직하를 하고 있어도 인력 수요는 항상 증가한다. 경영 성과와 상관없이 각 부서장은 항상 대규모 직원 채용을 요청한다. 리더들은 항상 자신의 부하가 많아지는 것을 좋아한다. 부하의 수가 조직에서의 위상을 결정한다고 믿기 때문이다.

조직만 비대하고 생산성은 형편없는 조직이 주위에 얼마나 많은가? 그러한 조직에서는 사회적 태만과 무임승차 현상을 쉽게 발견할 수 있다. 국민의 세금으로 만들어진 기업과 기관들은 조직이 비대한 경우가 많다. 생산성은 낮으면서 조직은 복잡하게 되어있고 위계도 복잡하다. 조직이 복잡하면 복잡할수록 위계가 복잡하면 복잡할수록 사람은 더 필요하다.

파킨슨의 법칙이 심하게 들어맞는 조직의 리더들에게는 공통점이 있다. 자신들이 하는 일을 '결제를 하는 것'이라고 생각한다는 점이다. 일을 곧 결제라고 생각한다. 그들은 출근해서 하루 종일 여기 저기 간섭하고 다닌다. 본인이 직접적으로 하는 일이 없다. 혼자 할 줄 아는 일이 없다. 그러다가, 하루에 한두 번 책상에 놓여 있는 결제판에 사인을 한다. 사인을 하다가 좀 맘에 안 드는 것이 있으면 바쁜 직원들 불러다 놓고 한참을 훈계한다. 이걸 일이라고 하고 있으니 문제가 없을 수가 없다.

세계 최강 미국이
작전에서 참패하다

위원들은 점점 더 모험적이 되어갔다.

미국은 세계 최강의 군사강국이다. 1차 대전
이후에 미국은 능가하는 국가는 없다고
평가된다. 이런 막강한 미국이 치욕적인
패배를 한 작전이 있었다. 바로 쿠바 침공
작전이다. 너무 치욕적인 작전 실패라서 당시
대통령이었던 케네디의 정치생명이 위기에
처하기도 했다. 많은 군사전문가나 학자들은
너나 할 것 없이 나서서 작전 실패의 원인을
두고 분석과 비판을 해댔다.▲

▲ Bay of Pigs, 1979,
Peter Wyden

미국이 쿠바를 침공한 이유는 쿠바가
공산화되었기 때문이었다. 당시 카스트로가
공산혁명을 일으켜서 쿠바를 완전히 장악하며

미국과 가까이 있는 중남미 국가가 완전 공산화었다.

쿠바는 당연히 소련과 손을 잡았다. 이에 미국이 위기를

느낀 것이다. 쿠바를 거점으로 해서 중남미가 공산화 되는

것을 미국은 극도로 두려워했다. 그래서, 일이 더 커지기

전에 쿠바를 침공해서 카스트로 정권을 붕괴시켜야 했다.

그런데, 보기 좋게 실패한 것이다.

작전 상황을 한번 보자. 1961년 4월 15일 쿠바의

반공게릴라 100명이 쿠바의 피그만이라는 곳에 상륙했다.

반공 게릴라는 미국의 전폭적인 지원 아래 미군과 함께

작전을 게시했다. 쿠바 내부에서 활동중인 1,500명의

쿠바의 반란군도 동시에 쿠바정규군과 치열한 교전을

벌이기 시작했다. 상륙작전은 미국의 CIA에 의해서

계획되었고, 세부적인 군사작전은 미군의 주요 지휘부에

의해 진행되었다.

그러나 사흘 만에 100명이 사살되었고, 대부분의 게릴라

병력들은 모두 쿠바군에 체포되고 나중에 처형되기도

했다. 미국은 이 작전의 실패로 인해 큰 정치적 소용돌이에

휘말린다. 당시 대통령인 케네디는 반대파의 비난을 한 몸에 받게 되었다. 케네디는 CIA를 질책했고 그들의 작전 능력과 정보능력을 크게 의심하기 시작했다. 격분한 케네디는 CIA를 아예 해체하려는 계획까지 세운다. 피그만 침공 실패 이후에 발생한 CIA와 케네디의 갈등이 케네디 암살의 배경이 되었다는 음모론이 나올 정도였다.

어떻게 이런 큰 실패가 일어난 걸까? 미국의 막대한 군비 지원이 있었고 치밀한 작전 계획이 있었을 텐데 말이다. 작전 실패 후에 작전 실패의 책임을 두고 여러 분석이 나왔다. 여러 원인이 거론되었지만 가장 근본적인 요인은 자문위원회의 결정 실패로 모아졌다.

작전의 최종 의사결정자는 당시 대통령인 케네디였다. 하지만, 케네디는 새롭게 구성된 자문위원회의 결정에 따르기로 한다.

자문위원회는 오랜 논의 끝에 케네디에게 작전의 실행을 보고했다. 준비한 작전의 성공 가능성이 높다고 보고한 것이다. 그런데, 이 보고가 잘못되었다. CIA의 정보는 틀린 것이 많았고 예상 시나리오도 허점투성이였다. 무엇보다도 자문위원들의 논의와 결정 과정에 문제가 많았다.

자문위원회는 고위 관료, 백악관 참모와 보좌관, CIA 국장, 국방부와 합참의 장성 등으로 구성되었다. 위원회는 밤낮없이 회의를 했다. 처음에는 CIA만 작전 진행을 일관되게 주장했고 나머지 위원들은 작전을 할 것인지 말 것인지에 대한 확신이 없었다. 그런데, 회의를 하면 할수록 작전 수행 쪽으로 의견이 몰리기 시작했다. 위원회 멤버에 케네디 대통령의 동생인 로버트 케네디도 참여했는데, 그는 일관되게 지체 없는 공격을 주장했다. 많은 위원회 멤버들은 로버트 케네디의 주장이 케네디 대통령의 의중을 반영한다고 생각하기도 했다. 결국 개인적으로는 온건한 성향이었던 사람들이 회의를 거듭할수록 극단적인 방향으로 결정을 바꾸었다. 외교를 중시하는 외교 관료도 공격으로 입장을 바꾸었다.

위원들은 점점 더 모험적이 되어갔다. 케네디 자문위원회의 멤버였던 위원들은 나중에 이렇게 당시 회의 분위기를

전했다. "많은 위원들이 CIA 계획에
반대했지만, 회의 중에는 잘 드러나지 않았다.
… 합의가 되는 듯한 묘한 분위기에 휩쓸렸다.
그러면서, 각 위원들은 공격이 좋은 결정이라고
결론을 내기 시작했다. … 위원들이 의견들의
차이를 심도 있게 논의하려고 하지 않았다.
대신, 의견이 점점 모이고 있다는 생각만을 하는
듯했다. … 심한 갈등보다는 유쾌하고 부드러운
집단 분위기를 경험했다."▲

▲ Donelson R. Forsyth,
《Group Dynamics》,
2014

◆ ◆ ◆

집단이 모여서 의사결정을 하면 개인보다 훨씬
합리적인 의사결정을 할 것이라고 믿는 경향이
있다. 그런데, 반드시 그런 것은 아니다. 미국의
쿠바 침공 결정처럼 집단은 훨씬 위험한 결정을
내리기도 한다. 집단은 개인보다 훨씬 위험이 큰

쪽으로 의사결정을 모으는 경향을 보인다. 이러한 현상을 '모험이행 현상'이라고 부르기도 한다. 이 현상이 일어나면 겁이 없어지고 과격해지기 때문에 잘못된 결정이 가져올 수 있는 위험을 과소평가하게 된다. 혼자서 의사결정 할 때는 확신이 없다가 여러 사람이 의견을 같이하게 되면 확신이 커지니까 대담한 결정을 하는 것과 같다.

집단에서 잘못된 쏠림을 막기 위해 시도해 볼만한 방법은 있다. 완벽하지는 않지만 효과가 있는 것은 분명하다. 바로 레드 팀(red team)을 만들어 보는 것이다. 레드 팀은 미군의 군사 훈련에서 따온 용어이다. 미군은 군사훈련을 할 때 모의 훈련을 많이 한다. 이때 아군은 블루 팀, 적군은 레드 팀이라고 부른다.

집단 의사결정에서의 레드 팀은 어떤 사안에 대해 의도적으로 반대를 하는 역할을 한다. 마치 악마의 변호인(Devil's advocate) 같은 역할이다. 레드 팀은 집단이 결정한 사항의 취약점을 찾아내고 반대논리를 개발해서 공격한다. 집단이 결정한 사항과 다른 대안을 제시하고 그 이유를 설명한다. 다른 참석자들은 레드팀의 공격을 방어해 내야 한다. 레드팀의 공격 논리를 방어해 내지 않으면, 결정된 의사결정은 실행되지 못한다.

모든 회의에 레드 팀을 만들 수는 없다. 다만, 쿠바 침공 계획 같은 절체 절명의 의사결정을 할 때는 반드시 레드 팀의 역할이 필요하다. 기업에서도 기업의 사활을 건 중요한 의사결정을 할 때가 많다. 다른 기업의 M&A 여부, 중국으로의 공장 이전 여부, 새로운 사업의 진출 여부, 조직의 과감한 통폐합 여부, 대규모 투자 결정의 여부 같은 것들 말이다. 이런 **의사결정을 한두 명이 하는 것도 문제지만, 집단이 모여서 집단 분위기에 휩싸여서 하는 것도 문제다. 경계해야 한다.**

황소 몸무게를 재보지도 않고 정확하게 맞추시오

우리가 회의를 싫어하는 이유가 뭔가?

내 앞에 거대한 황소 한 마리가 서 있다. 저울을 사용하지 않고 눈대중으로 이 황소의 몸무게를 알아맞힐 수 있을까? 골턴(Galton)이라는 학자가 이것이 가능한지를 실험했다. 먼저 골턴은 다음과 같은 가설을 세웠다. '보통 사람으로 구성된 집단의 판단이 한 명의 전문가의 판단보다 정확할 것이다'. 가설을 검증하기 위해서 그는 한 박람회에서 경연대회를 기획했다. 경연대회에 황소 한 마리가 등장했다. 골턴은 경연대회에 참여하는 사람들에게 황소의 무게를 마음대로 추측해서 적어내라고 했다. 황소의 몸무게를 가장 가깝게 맞추는 사람에게 시상을 하겠다는 발표를 했다. 사람들은 황소를 일정 시간 쳐다보고 면밀히 관찰했다. 그리고, 준비한 종이 쪽지에 예상하는 몸무게를 적어냈다. 골턴은 사람들의 쪽지를 모아서 집으로 가져왔다. 그리고, 모든 숫자를 다 합치고 평균을 냈다.

개인의 숫자는 천차만별이었다. 실제 몸무게와 비슷한 숫자도 있었지만 실제 무게에서 완전히 벗어난 숫자도 있었다. 하지만, 놀라운 것은 이 모든 숫자를 합쳐서 평균을 낸 숫자는 놀랍게도 실제 몸무게와 매우 가까웠다. 황소의 실제 몸무게는 1,198파운드였는데, 경연 대회 참가자가 써낸 숫자의 평균은 1,197파운드였다. 그의 가설은 입증되었다. 그는 이러한 결과를 '군중의 지혜(wisdom of crowd)'라고 불렀다.

◆ ◆ ◆

'집단지성(collective intelligence)'이라는 말이 있다. 군중의 지혜와 비슷한 맥락의 말이다. 사전적으로 보면 집단 지성의 뜻은 이렇다. '다수의 개체들이 서로 협력하거나 경쟁을 통해서 얻게 된 지적 능력의 결과로 얻어진

▲ 《두산백과》 참고

집단적 능력'▲ 집단지성이 중요한 이유는 집단에서 얻게 된 지적 능력이 개개의 지적 능력을 넘어서기 때문이다. 집단지성이라는 개념을 처음으로 만들어 낸 사람은 미국의 곤충학자인 모턴 휠러로 알려져 있다. 모턴 휠러는 1910년에 《개미: 그들의 구조. 발달. 행동》이라는 책에서 작고 힘없는 개미들이 집단 협업을 통해서 거대하고 튼튼한 개미집을 만들어 내는 과정을 집단지성이라는 개념으로 설명했다. 그러나 이 집단지성이 집단에서 늘 나타나는 것은 아니다. 집단 지성 대신 '집단 지옥'이 되는 경우가 더 많다.

우리가 회의를 싫어하는 이유가 뭔가? 우리 모두는 집단 지성을 고대하지만 결과는 그렇지 않기 때문이다. 예를 들면, 분명히 10명이 집단으로 모였는데, 1명의 목소리만 들린다. 이런 집단에서 집단 지성은 요원하다. 또 다른 경우도 있다. 10명이 모였는데, 회의가 끝날 때가 되어도 10가지의 다른 의견이 난무한다. 이런 경우도 집단 지성은 불가능하다. 두 경우 모두 문제다. 개미만도 못한 것이다.

그렇다면, 언제 집단 지성이 발생할까? 황소의 몸무게 맞추기는 다음과 같은 두 가지 경우가 갖추어져 있었다. 그래야, 군중이 현명한 결정을 한다.

첫째, 모든 사람이 다른 사람의 방해를 받지 않고 소신 있게 말할 수 있어야 한다. 사람들이 말한 숫자의 평균이 거의 정확했던 이유는 모든 사람이 자신의 생각을 가감 없이 적어냈기 때문이다. 만약에 몇몇 힘 있는 나타나서 "내가 이런 일을 많이 해봐서 아는데, 황소 무게는 딱 봐도 950파운드 정도 될 것이 분명해."라고 말했다면 어땠을까? 아마 몇 명은 자신의 기존의 소신을 접고 그들의 압력에 넘어갔을 거다. 그렇다면, 평균도 변했을 것이고 황소의 무게도 맞추지 못했을 것이다. 집단의 평균이 사실에 가깝기 위해서는 집단 구성원이 모두 자유롭게 의견을 말할 수 있도록 해야 한다. 잡음(noise)이 들어가면 안 된다.

둘째, 모두가 질문에 대해서 정확하게 이해하고 있어야 한다. 누구는 질문을 정확히 이해하고 누구는 질문을 정확히 이해하지 못했다면 사람들이 제시한 답은 쓸모 없어진다. **그들은 자신들이 해야 할 일을 명확히 알고 있었다.**

황소의 몸무게를 예상해서 적어내라는 질문은 명확하고 단순했다. 이 질문을 오해하거나 잘못 생각하는 사람은 없었다. 현재의 문제가 무엇인지 그래서 내가 지금 할 일이 무엇인지에 대해 정확히 알고 행동했다. 그래서 모여든 사람들은 동일한 문제를 고민할 수 있었다. 문제에 대한 인식이 달라서 논의 자체가 산으로 가는 일이 없어진 것이다.

◆ ◆ ◆

인사팀 주관으로 전사적인 비전 워크숍을 실시한 적이 있다. 비전 워크숍의 목적은 기업의 5년 후의 비전을 수립하는 것이었다. 이를 위해서 전문 퍼실리테이터를 외부에서 고용했다. 모든 진행과 논의는 외부 전문가에게 맡기고 사장을 포함해 임원들도 진행에 일체 관여하지 않았다. 곧이어 전국의 팀장급 이상 200여 명이 워크숍에

참여했다. 리더들이 모이자 퍼실리테이터는 1박 2일
워크숍의 목표를 명확히 제시했다.

> '목표1: 미션 스테이트먼트 만들기'
> '목표2: 부문별 실천 항목 만들기'

이 두 목표는 단순하고 명쾌했다. 참가한 리더들은 목표를
명확히 이해했다. 비전 워크숍이 필요한 이유에 대한
설명도 이어졌다.
목표에 대한 공유가 이어지자 다양한 형태의 조 편성과
토론이 이어졌다. 기존의 워크숍과 다른 점은 사장과
임원들이 앞으로 나서지 않는 것이었다. 그들이 어디에서
어떤 발언을 하고 있는지 알 수 없었고, 별로 관심도
없었다. 사장과 임원들도 퍼실리테이터의 요청에 따라
리더들과 다양한 조에 편성되어 조원으로 토론에 참여했다.
퍼실리테이터는 조 편성과 토론이 진행되기 전에 명확한
메시지를 전달했다.

"사장님과 임원들도 여러분들과 똑같은 자격으로 토론에 참여할 것입니다. 워크숍 기간 동안에는 계급장을 떼고 1인의 자격으로 토론에 참여하실 것입니다."

20여 개의 소단위 테이블에서 토론이 이루어졌고 수십 개 나온 의견을 다시 논의에 부쳐서 의견들을 좁혀 나갔다. 처음에는 100개 이상의 미션 스테이트먼트(mission statement, 사명서)가 나왔지만, 이것이 20개, 10개, 그리고 3개로 좁혀졌다. 이틀째 되는 날 아침에 마지막 토론을 벌였다. 각 조별 의견이 다시 모아졌고 조별 발표가 이루어졌다. 조별 발표를 임원이 하는 경우는 없었다. 일반 리더들이 정리된 의견을 발표했다. 그리고, 여러 후보 중에서 투표를 통해 최종적인 미션 스테이트먼트를 선택했다.

리더들은 대체로 만족하는 분위기였다. 산출물이 잘 나온 것도 있지만, 사실은 워크숍 과정이 좋았기 때문이다. 워크숍의 목표가 단순하고 명확했다. 그래서, 해야 할 일에 대한 오해나 애매함이 없었다. 그리고, 사장과 임원들이 약속을 지켰다. 아무도 선두에 서서 논의를 지휘하려 하지 않고 소리 없이 행사에 참여했다.

나는 처음에는 워크숍이 제대로 진행될지 의문스러웠다. 왜냐하면, 회사의 사장과 임원 같은 경영진들의 지휘 없이 중요한 산출물이 과연 나올 수 있는 것인지 의심이 들었기 때문이다. 그런데, 그것은 기우였다. 전사적인 관점에서 볼 때 산출물은 훌륭했다.

골턴의 '군중의 지혜'가 발휘된 것이다.

Part 4 _____

모두가
같아야
한다는
평등의
함정

우려먹어도 너무 우려먹는다

기수문화의 사고 방식에서 벗어나지 못한 세대이다.
그들의 생각이 하루 아침에 바뀔 수가 있겠는가?

옛날에는 우려먹는 음식들이 많았다. 겨울 철에는 대추차나
생강차를 우려 마셨던 기억이 난다. 어머니는 감기 예방에
좋다며 생강이나 대추를 잘게 썰어서 주전자에 넣고 하루
종일 천천히 끓이셨다. 사골도 대표적인 우려먹는 음식이다.
지금은 예전 같지는 않지만, 과거에는 사골을 며칠씩 자주
우려먹었다. 그런데, 이런 우려먹는 음식에는 공통점이
있다. 너무 오래 우리면 맛도 없어지고 효과도 없어진다는
점이다. 질리도록 우려먹기보다는 적당한 시점에서 우리는
것을 멈춰야 한다.

음식만 우려먹는 것은 아니다. 수십 년 된 학력을 죽을
때까지 우려먹는 사람도 있다. 때만 되면 선거에 나오는
사람들의 선거 벽보에서도 잘 드러난다. 선거 벽보를
보면 도대체 이 사람의 정체를 알 수가 없다. 삼사십 년

전에 졸업한 학력이 경력의 첫 줄을 차지한다. 대체 지금 무슨 의미가 있다고 첫 줄에 적어두었는지 모르겠다. 그 다음에는 도대체 무얼 해서 평생 먹고 살았는지 알 수가 없다. 정체 모를 단체 이름만 나열되었을 뿐이다. 제대로 된 조직처럼 보이는 것이 별로 없다. 전문적이고 생산적인 일을 한 번이라고 해봤는지 의심스럽다.

서점에서 책을 고르는 나만의 방식이 있다. 일단 프로필을 꼼꼼히 읽어본다. 프로필을 보면 저자의 사고 방식을 알 수 있다. 고리 타분한 지 개방적인지를 금방 알 수 있다. 대체로 프로필을 이렇게 쓰는 사람이 상당하다.

'xx 대학 법학과 xx 회 졸업, xx 협회 25대 협회장, xx 기관 자문위원…' 전부 정체 모를 과거 경력이다. 그래서, 지금 무슨 생산적인 일을 하고 있는지 알 수가 없다. 요즘은 이력서도 이렇게 쓰면 서류전형에서 탈락한다. 사실, 이력서를 한 번이라도 제대로 써 본 적이 있는지 의심스러울 때도 많다. 책 제목에 혹했다가 프로필이 이런 식으로 적혀 있으면 그 책을 바로 덮어 버린다. 내용을 볼 필요가 없다고 생각하기 때문이다. 이런 프로필을 보면 자랑할 거리가 수십 년 전 학력과 정체를 알 수 없는 감투 밖에 없는 사람이라는 생각이 든다.

학력이나 감투를 제일로 내세우는 사람은 다른 사람을 평가할 때도 과거의 학력과 감투로 평가한다. 사람을 고학력자와 저학력자로 구분한다. 허울만 있는 감투라도 써봤는지 안 써봤는지로 판단한다. 전문성이 없으니 직위의 높고 낮음으로 사람을 판단한다. 이분법의 편협한 세계관이고 인물관이다. 세상에는 매우 다양한 전문 영역이 있고, 각 영역에는 다양한 전문성과 다양한 고수가 존재한다는 것을 인정하지 않는다.

◆ ◆ ◆

군대는 기수 문화가 지배하는 대표적 공간이다. 1년에 한 번은 군대 인사에 대한 기사가 난다. 한번은 '기수 파괴' 인사 이동이 있었다는 기사가 났다. 직책상 서열을 고려했을 때 합참의장에는 국방부 장관보다 기수 후배가 임명되어야 하는데, 기수 선배가 임명되었다는 것이다. '기수 파괴'라고 하기에 한 10기수는 파괴된 줄 알았는데, 겨우 1기수 선배였다. 이런 것을 보면 군대에서 얼마나 기수가 절대적인지를 알 수 있다. 그래도 한편으로는 군대의 기수 문화를 이해한다. 계급이 중시될 수밖에 없는 특수 조직이기 때문이다. 일반 사회의 다른 조직과 같을 수는 없을 것이다.

문제는 민간 사회인 기업에도 기수 문화가 존재한다는 것이다. 지금은 조금은 약화되었을 지 모르지만, 내가 처음 기업에 입사할 때만 해도 기수 문화가 하늘을 찔렀다. 군대나 별단 다르지 않았다.

한 신생 금융계열사에 공채로 입사했을 때의 일이다. 그룹 차원에서는 기수가 한참 뒤였지만, 신생계열사에서는 신입 공채 1기였다. 입사 동기는 20여 명 되었다. 우리는 연수원에서 함께 합숙 교육을 같이 받았고, 외부 전문 교육기관에 추가로 파견되어 거의 군대식 정신 교육도 같이 받았다. 지난한 교육을 통과하면서 동기애는 점점 높아만 갔다. 실무에 들어가서도 부서간 협조가 필요하면 동기를 먼저 찾았다.

이렇게 3년이 흘렀고 대리 진급 심사가 있었다. 우리 공채 1기 20명은 모두 대리 진급 대상자였다. 그런데, 우리 공채 1기를 화나게 하는 일이 발생했다. 소위 공채 1.5기도 대리 진급 대상자가 된 것이다. 그들은 공채 1기보다 6개월 늦게 들어온 신입사원들이었다. 인사 규정에 따르면 승진 기준에 6개월이 부족했지만, 회사가 특별히 승진 대상자에 올려 버린 것이다. 우리보다 무려 6개월이나 후배였는데 말이다. 얼마 지나지 않아 승진자 명단이 회사 게시판에 붙었다.

공채 1기 20명 중 15명 정도가 대리로 진급했고 5명이 탈락했다. 그런데, 1.5기는 6명 중에 5명이 승진했다. 1명만 제외하고 전부 승진한 것이었다. 나를 포함해 1기들은 부글부글했다. 승진한 사람이나 탈락한 사람이나 모두 같은 생각이었다. 공채 기수라는 질서가 깨졌다고 생각한 것이다. 공채 1기지만 승진에 탈락한 5명 중 2명이 즉시 퇴사했다.

거의 홧김에 퇴사한 것이나 다름없었다.

지금 생각해 보면 참으로 어리석은 판단이다. 6개월 늦게 들어온 사람이 먼저 승진했다고 퇴사를 하다니, 얼마나 말이 안되는 상황인가? 그런데, 그 때는 진짜 심각했다. 나도 같은 생각이었다. 그래서, 문화와 시대적 상황이 무서운 것이다. 20대 중후반의 젊고 활기 넘치는 직장인들이 그런 고리타분하고 시대 착오적인 기수문화 속에 살고 있었다.

지금은 이러한 기수 문화가 없을까? 예전만은 못하지만 여전히 존재한다. 대규모 공채가 있는 한 기수, 입사 동기를 중시하는 문화는 없어질 수가 없다. 기수를 부여하지 않더라도 입사일자는 평생 따라다닌다. 승진대상자 선정에 입사일자만큼 중요한 것도 없다. 여전히 대다수 대기업 들의 간부들은 기수문화의 사고 방식에서 벗어나지 못한 세대이다. 그들의 생각이 하루 아침에 바뀔 수가 있겠는가?

◆ ◆ ◆

기수 문화가 왜 문제일까? 평가의 다양성을 해치기
때문이다. 기수 문화가 있는 상태에서는 기수가 가장 큰
평가 요소가 된다. 한 기수 늦은 사람이 1년 먼저 승진하면
특진이라는 말을 하면서 호들갑을 떤다. 이런 기수 문화가
없으면 다양한 평가 요소들이 그 자리를 대체할 수 있다.
특출한 성과, 조직의 필요성, 전략적 판단, 여성 리더 확대,
젊은 리더 발굴, 조직 확대 또는 통합 등등 평가 시 중요한
요소는 무수히 많다.

연공적인 기수 문화를 비판하면 이렇게 반응하는 사람이 있다.
"기수 문화가 있어도 일 잘하는 사람이 승진한다.
기수문화가 무슨 문제인가?"

맞다. 일 잘하는 사람이 승진한다. 그렇지만, 여전히 기수
내에서 일 잘하는 사람이 승진하는 것이다. 기수를 몇 차례
뛰어 넘어 일 잘하는 사람이 발탁되는 경우는 많지 않다.
과거보다는 많아졌다고 하지만, 그 수는 여전히 적다. 그
수가 적은 이유는 여전히 기수, 나이, 직급 같은 강력한

장벽을 뛰어넘기 힘들기 때문이다. 여전히 우리 사회는
연공 요소가 제일 중요하다.

사람을 평가할 때는 제일 중요한 것은 두 가지이다. 바로 역량과 성과이다. 그
어떤 것도 역량과 성과와 직접적인 연결이 되어 있지 않다면 평가 요소에서
제외해야 마땅하다. 공채 기수, 나이, 근속기간 같은 것들은
개인의 과거의 이력일 뿐이다. 그 자체로 역량이거나
성과는 아니다. 역량과 성과는 외부로 발현된 결과이다.
역량과 성과는 매우 다양한 요소의 결합으로 나타난다.
너무나 다양하고 다이나믹 해서 개인마다 다르다. 직무마다
다르고, 조직마다 다른데, 이를 무시하고 단일 요소인
연공을 우선해서 사람을 평가해선 안 된다.
연공 요소는 승진에서 완전히 제외해야 한다. 기수, 나이,
직급은 과거의 이력을 앞세우는 것은 과거를 우려먹는
것에 불과하다. 입사할 때 한번 사용했으면 그 다음부터는
평가나 승진에 다시 사용해서는 안 된다.

선한 의도면 무조건
좋다는 착각들

모든 규제는 선한 의도를 가지고 있다.

"구글은 확실히 직원에게 자유를 많이
주고 성공한 회사이다. 만약 당신의 직원이
창업자처럼 생각하고 행동하기를 원한다면 그
다음에 해야 할 일은 자유로운 문화를 만들어
나가는 것이다. (중략) 리더는 자신이 편안하게
느끼는 수준보다 좀 더 많은 신뢰와 자유와
권한을 직원에게 주어야 한다. 이렇게 하는 데도
마음이 불편하지 않다면 아직 직원에게 충분히

▲ 라즐라 복, 《구글의 아
침은 자유가 시작된다》,
알에이치코리아(RHK),
2015, P. 96

많이 주지 않은 것이다."▲

구글의 인사 최고 책임자였던 라즐라 복이
그의 책 〈구글의 아침은 자유가 시작된다〉에서
한 말이다. 그는 구글의 창의적 성과의 비결은

자유를 중요하게 생각하는 기업문화 덕이라고 강조한다.
우리나라의 모든 기업도 창의적인 기업이길 원한다.
직원 개개인도 좀 더 창의적인 성과를 내기 위해서 서로
경쟁한다. 정부도 기회만 있으면 기업의 창의적 성과에
지원을 아끼지 않겠다고 말한다. 이만하면 우리 사회의
모든 구성원은 창의성이 중요하다는 것에 모두 동의한
것이다.

창의성이 기업의 생존과 발전에 핵심 요소라고 한다면,
정부의 노동정책도 기업의 창의성을 도와주는 방향으로
설정되어야 한다. 창의성을 구호처럼 외치면서 정부의
정책 방향이 다른 쪽을 향한다면 이는 모순이다. 창의성은
자율성의 토양 위에서 자란다. 그래서, 정부의 노동정책은
기업의 자율성을 확대하는 방향으로 논의되어야 한다. **기업의
자율성이 높을 때만 구성원들의 행동과 의사결정방식이 자유로워진다.**

◆ ◆ ◆

에어비앤비는 혜성처럼 나타나서 힐튼
호텔이나 메리어트 호텔의 경쟁자가 되었다.
공유 경제의 선두 주자 중 하나인 우버는 GM,
토요타, 현대자동차 등 자동차 산업의 비즈니스
모델을 변화시키고 있다. 새로운 비즈니스
모델로 무장한 혁신 기업들은 기존의 전통적인
시장을 통째로 변화시키고 있다. 이와 같은
다양한 비즈니스 모델의 등장은 새로운 직업을
만들어 냈다. 특히 플랫폼 기업의 종사자 같은
중간지대의 종사자가 급속히 증가하고 있다.
2020년 179만 명이고 2021년에는 220만
명으로 증가했다.▲

▲ 고용노동부, 〈2021년 플랫폼 종사자 규모와 근무실태〉, 2021

산업과 직업의 다양성은 필연적으로 다양한
조직문화를 만들고, 다양한 업무프로세스를
만든다. 다양한 근무 형태가 생기고 다양한 근로
시간도 생긴다. 이러한 다양한 변화를 담아낼 수

있는 법률과 제도가 갖춰져야 한다. 그런데, 현실은 그렇지 못하다.

예를 들어, 획일적인 52시간제는 다양한 산업과 업무 방식을 모두 담기에는 일정 부분 한계가 있다. 그래서, 보완이 필요하다는 요구가 있다. 2018년 7월 첫 도입 이후 2021년 7월에 전산업과 업종에 전면 도입되었다. '저녁이 있는 삶'이라는 구호 섞인 '선'한 의도로 도입되었지만 부작용이 만만치 않다. 예를 들어, 게임개발자들은 일반 사무직들과 일하는 방식도 다르고 개인적인 성향들도 다르다. 따라서, 이러한 개발자들로 구성된 기업의 조직문화는 당연히 다른 산업과 다를 수밖에 없다. 게임 업체는 이러한 개발자들의 업무 스타일과 개발 프로젝트의 특수성을 감안하여 가장 효율적인 근무시간 관리를 하고자 노력한다. 이런 특별한 사정이 있는 기업에게 획일적인 52시간제는 여러 어려움을 가져올 수 있다. 기업과 구성원이 자율적으로 결정할 수 있는 룸을 확대해 달라는 요구가 많다.

최저임금제도 기업들이 개선을 요구하는 제도이다.
최저임금이 급격히 오른다는 점도문제지만, 더 큰 문제는
그 획일성이다. 기업의 사정과 개인의 선호도는 모두 다를
수밖에 없다. 여기서도 자율성이 문제이다. 산업, 직종,
재무상태에 따라 자율성을 어느 정도 부여할 필요가 있다.
제도의 필요성과 기업의 자율성 사이에서 적절한 조화가
필요하다.

모든 규제는 선한 의도를 가지고 있다. 선한 의도대로
제도가 실행되면 참 좋겠지만, 실상은 그렇지 못한 경우가
많다. 선함이 강조되면 될수록 규제는 더 촘촘 해진다.
파견근로자를 보호하기 위한 '파견근로자 보호에 관한
법률'을 살펴보자. 기업의 무분별한 파견근로자 사용은
적절하게 제한되어야 하는 것이 맞다. 하지만, 기업들은
규제가 너무 강하다고 주장한다. 이 법률의 핵심조항은
이것이다. "파견기간은 2년을 초과할 수 없다. 2년을
초과하여 계속적으로 파견근로자를 사용하는 경우에는
사업주는 파견근로자를 직접고용해야 한다."

파견근로자에게 좋은 것처럼 보인다. 그런데, 이 조항이 항상 좋게만 활용되는 것은 아니다. 예 하나를 들어보자. 일 잘하는 파견근로자 B 씨가 A 기업에서 근무한 지 2년이 되었다. 그런데 A 기업은 비용 문제 때문에 B 근로자를 정규직으로 전환시키기가 당장은 어려운 상황이다. 근로자 B 씨는 정규직이 되면 좋겠지만, 그렇게 안 된다면 파견 근로자로라도 계속 일하기를 원하고 있다. 이런 상황에서 기업은 어떻게 할까? 법률에 의해 A 기업은 B를 계약 해지하는 선택을 한다. 이런 사례는 비일비재하게 발생한다. 기업과 직원의 자율적 판단이 불가능하기 때문에 생긴 안타까운 상황이다. 개인은 일을 계속할 수 없어서 손해고, 기업은 좋은 직원을 내보내야 해서 손해다. 선한 의도와 다른 결과가 나오지 않도록 잘 살펴봐야 할 영역이 있을 수 있다.

◆ ◆ ◆

한국은 이미 세계 10대 경제대국이 되었다. 삼성, 현대차, LG 등 세계적인 글로벌 기업을 다수 가지고 있는 선진국이다. 그렇다면, 우리의 법률 및 정책 방향성도 글로벌 스탠다드화 되어야 한다. 그런데, 현실은 그렇지 못한 경우가 많다. **이미 기업과 개인의 수준은 디지털 시대에 살고 있는데, 법률 및 관행은 구로 공단 시절에 머물러 있는 것이다.**

호봉제 등 연공급이 대표적이다. 우리처럼 강력한 연공급을 가지고 있는 나라와 기업은 흔치 않다. 1년 차 근로자와 30년 차 근로자의 임금 격차를 비교해 보았다. 한국은 2.87배 차이가 났다. 일본은 2.27배 차이가 났고, OECD 평균은 1.65배였다. 근속연수별 임금격차가 가장 큰 나라 중 하나가 한국이다. 미국, 유럽 등 선진국의 기업들은 모두 직무 중심, 성과 중심의 보상제도를 운영한다.

현재의 근로기준법 등 노동관계법은 근로시간이 가장 중요한 근로조건이 되는 시대에 만들어졌다. 우리의 노동관계법 사상 체계에서는 역량과 창의성 같은 요소는 별로 중요하지 않다. 맥락적으로 볼 때, 성과에 따른 보상 차이보다는 시간에 따른 보상 차이를 중요하게 다룬다. 이런 법률적 사상은 기업으로 하여금 연공급을 유지하게 만든다. 보상제도를 유연하게 변경할 수 있도록 법률적 정책적 지원을 해야 한다. 그래야, 기업이 글로벌 스탠다드에 맞출 수 있다.

일론 머스크가 트위터를 인수하고 제일 먼저 한 일은 직원의 50%를 해고하는 일이었다. 3,700명이나 되는 직원에게 이메일로 해고를 통보했다고 한다. 미국에서도 이런 식의 해고 통보는 너무 극단적이기 때문에 불법의 소지가 있고 논란도 있었다. 머스크의 이러한 과격한 행동도 문제지만 너무 정반대에 위치해서 문제인 경우도 있다.

한국의 상황이 그렇다. 세계경제포럼이 OECD 국가를 대상으로 노동유연성을 평가했다. 한국은 37개국 중에서 35위를 차지했다. 한국 기업이 직원을 해고하는 것은 거의 불가능에 가깝다. 너무 쉬운 해고도 문제지만, 너무 어려운 해고도 문제다. 해고하기가 지나치게 어려우면 채용하기도 어렵다.

기업이 채용을 꺼리는 이유는 해고가 어렵기 때문이다. 기업이 자율적으로 사정에 맞게 여러 형태로 고용할 수가 있고 자율적으로 인력 조정도 할 수 있다면, 그만큼 다양한 일자리가 늘어나게 되어 있다. '정규직 일자리는 늘어났으면 좋겠고, 해고는 절대 하지 말아야 하는 노동시장' 그런 시장은 존재할 수 없다. 기업에 자유와 자율을 주어야 시장이 커진다.

◆ ◆ ◆

자율성은 '주어진 문제에 대하여 스스로 선택하고 스스로 책임지는 것'이다. 개인이나 기업이나 자율성이 높을 때 성과도 높아지고 창의성도 높아진다. 자율성의 반대는 규제다. 어느 정도의 규제는 불가피하다. 항상 선한 기업 선한 직원만 있는 것은 아니기 때문이다.

규제에는 네거티브 규제와 포지티브규제가 있다.
네거티브 규제는 법률이나 정책으로 중요한 몇 가지만
금지하고 나머지는 모두 자율에 맡기는 것이다. 반면에
포지티브규제는 법률과 정책으로 몇 가지만 할 수 있게
하고 나머지는 금지하는 것이다. 정부의 기업 정책의
방향은 네거티브 규제방식을 취해야 한다. 중요한 몇
가지만 하지 못하게 하고 나머지는 모두 기업의 자유로운
판단에 맡기는 것이다. 현대의 다양한 산업, 기업,
직무, 근로형태를 인정하는 방식이 네거티브 규제이다.
현실적으로 획일적인 규제를 할 수 있는 방법이 없기
때문이다. **높아진 자율성은 기업활동을 활력 있게 만들고, 이는 기업의
창의적 성과로 이어진다.**

원숭이는 오이를
집 밖으로 집어던졌다

승자도 인정하고 패자도 인정하기 위해서는
게임의 룰을 사전에 정해 놓아야 한다.

두 마리의 원숭이가 있다. 에모리 대학의 프란스 드발
교수는 이 두 마리의 원숭이를 대상으로 매우 흥미로운
연구를 했다. 두 마리의 원숭이에게 같은 임무를 주되,
임무를 완수한 후에는 보상에 차별을 주고 다른 보상을
받은 원숭이들이 어떤 반응을 보이는지 관찰하는 실험이다.
A, B 두 마리의 원숭이는 다른 우리에 분리되어 있지만
서로를 관찰할 수 있다.
연구자는 A 원숭이에게 우리 속의 작은 돌멩이를
가져오도록 지시하고, 그 돌을 가져오자 보상으로 오이를
준다. A 원숭이는 그 오이를 아주 맛있게 받아먹는다.
다음으로 연구자는 B 원숭이에도 같은 일을 시키고
이번에는 오이 대신 포도를 준다. 원숭이는 원래 오이보다

포도를 훨씬 더 좋아한다고 한다. A 원숭이는 B 원숭이가 오이 대신 포도를 받아먹는 것을 보고 화를 내기 시작한다. 이런 상황에서 연구자가 이번에도 A 원숭이에게 오이를 주자 A 원숭이는 오이를 먹지 않고 밖으로 집어던진다. 분을 못 이겨 우리 문을 발로 차기도 한다. 이 실험은 네이처Nature에 'Monkeys reject unequal pay' (원숭이는 불공평한 보상을 싫어한다) 라는 이름으로 게재되었다. 이 실험은 '불공정에 대한 인식은 학습의 결과가 아니고 진화되어 온 본능적인 특성'이라는 것을 보여준다.

◆ ◆ ◆

기업의 성과급 논란은 여전히 진행형이다. 성과급이나 보상에 대한 논란은 불공정에 대한 논란이라고 볼 수 있다. 기업은 일시적으로 발생한 좋은 경영성과로 인해 생긴 이익을 미래를 위해 유보해 놓고 싶어한다. 직원은 기업의 경영성과나 이익의 증가에 대한 정당한 보상을 지금 당장

원한다. 양측의 주장이 모두 잘못된 것은 아니기 때문에 적절한 지점에서 컨선세스(Consensus)가 이루어지게 되어 있다. 성과급이나 보상 논란이 꼭 갑자기 좋아진 경영성과 때문만은 아니다. 보다 근본적으로는 보상시스템과 보상 철학의 문제에서 나오는 경우가 많다.

스포츠는 공정하다. 가끔 심판의 판정에 이의를 제기하는 경우가 있지만, 대부분은 해결이 된다. 선수와 감독은 대부분 결과에 승복한다. 왜 스포츠에서는 자연스러운 승복이 많을까? 사전에 게임의 룰을 정해 놓았기 때문이다. 그 스포츠에 참여하고 싶으면 그 스포츠의 게임의 룰부터 알아야 한다. 선수들이 경기 후에 승복을 하는 이유는 사전에 게임의 룰을 정확히 알고 게임에 임했기 때문이다. 그리고, 사전에 알고 있던 게임의 룰 대로 게임이 치러졌다는 것을 인정하기 때문이다. 승자도 인정하고 패자도 인정하려면 게임의 룰을 사전에 정해 놓아야 한다. 그렇다면, 게임 룰에는 무엇이 담겨야 할까? 크게 두 가지다. 하나는 무엇을 득점으로 인정할 것인가에 관한

것이다. 득점에 대한 논란을 최대한 줄이기 위해서 아주
세세한 경우의 수까지 감안하면서 자세하게 규정해 놓는다.
두 번째는 승자에게 어떤 보상을 줄 것인가에 관한 것이다.
선수들은 이 경기에서 이기면 어떤 보상이 주어질 것인지를
명확히 안 상태에서 경기에 참여한다. 금메달을 받으면
세계 랭킹이 얼마나 올라가는지, 우승을 하면 상금이
얼마인지를 모두 잘 안다. 그래서 악을 쓰고 경기에 임한다.
그리고 승복한다.

◆ ◆ ◆

기업들은 시장에서 경쟁하고 있고, 직원들은 기업 내에서
다른 동료들과 선의의 경쟁을 하고 있다. 모두가 경쟁이다.
이는 스포츠 경기와 비슷하다. 성과급이나 보상에 대한
논란도 경쟁의 룰에 대한 논란이라고 봐야 한다. 그런데,
실상은 게임의 룰을 사전에 정해 놓지 않는 경우가 너무
많다. 설사 사전에 정해 놓았다 하더라도 중간에 예고 없이

바뀌기도 한다. 이런 상황에서는 공정의 논란을 피하기는 어렵다.

기업에서 근무하는 직원들은 자원봉사 단체에 무보수로 자원봉사를 위해서 모인 사람들이 아니다. 기업이라는 경기장에서 공정하게 경쟁을 통해 보상을 받고 사회적으로 성장하기 위해서 모인 사람들이다. 기업은 이런 사람들에게 공정한 게임의 룰을 제공하여 그들이 최상의 컨디션을 유지하도록 해야 한다. 그래서, 그들의 경쟁의 시너지를 통해서 기업의 성장 동력을 만들어 내야 하는 것이다.

마찬가지로, 직원이 자원봉사자가 아니듯이 기업도 자원봉사단체가 아니다. 직원들은 경쟁을 통해 최상의 성적을 내서 기업에 약속된 공헌을 해줘야 한다. 이미 정해진 게임의 룰을 어기면 안 된다. 기업은 조직 내 경쟁을 통해서 성장한다는 점을 인정하고, 결과에 따른 차별적 보상을 인정해야 한다. 게임의 룰에 있는 정당한 보상을 요구해야 하고, 마찬가지로 정해져 있지 않는 보상을 요구해서도 안 된다.

그렇다면, 기업에서의 게임의 룰은 무엇일까? 바로 목표에 대한 사전 합의다. 목표에 대한 합의가 사전에 이루어져 있지 않기 때문에 사후에 계속 공정에 대한 문제가 생긴다. 그렇다면, 목표에 대한 합의에는 무엇이 포함되어야 할까? 스포츠에서의 게임 룰처럼 두 가지를 포함해야 한다. 첫째는 '나의 목표는 무엇인가'에 관한 것이다. '성실하게 일하기'는 목표가 아니다. 성실하게 운동장을 뛰었다는 사실이 경기에서 득점으로 인정되지 않는 것처럼, 일에서도 명확한 목표가 있어야 한다. 둘째는 목표를 이루면 어떤 이득이 있을 것인지에 대한 냉정하고 분명한 제시가 있어야 한다. '내가 알아서 상금을 줄게'라는 말만 해서는 안 된다. 냉정하고 분명한 보상에 대한 사전 제시가 없으니 계속 논란이 생기는 것이다. 이번 경기에서 이기면 금메달이 될지 은메달이 될지도 모른 채 경기에서 뛰는 선수는 없다.

◆ ◆ ◆

'창의적으로 일하라'라는 말을 많이 한다. 창의성과
혁신성을 보여 주지 못하는 기업은 시장에서 사라지는
시대이니 당연한 말이다. 그런데 정작 창의성을 어떻게
평가할지는 고민하지 않는다. 이런 고민이 없기 때문에
직원들은 '나름대로' 창의적으로 일하고, 상사는 '나름대로'
창의성을 평가한다. 서로 합의된 기준이 없으니 항상
논란이다. 직원은 '나는 창의적으로 일했다'고 주장하는데,
상사는 '당신은 창의적이지 않다'고 말한다. 그러니 어떤
행동이나 어떤 결과를 가지고 창의성을 평가할 것인지를
합의해야 한다. 그리고, 기술해 놓아야 한다. 이는 스포츠로
치면, 어떤 것을 득점으로 인정할 것인지 정하는 것과 같다.
'영업은 숫자로 말한다'라는 말을 틀렸다고 말하는 사람은
별로 없다. 그런데, 실제로는 이런 말들과는 모순되는
일들이 평가과정에서 많이 발생한다. '숫자로 말한다'라는
말이 맞으려면 '숫자'로 평가해야 한다. '숫자'가 높은
사람이 보상을 많이 받아야 하고 '숫자'가 높은 사람이

승진도 빨라야 한다. 그런데, '영업은 숫자'라고 말하고, 연말 평가에서는 '태도'로 평가한다. '태도'는 숫자가 아니지 않은가? 태도를 숫자로 표시할 수 있는 사람이 있는가?

왜 이런 일이 생길까? 상사는 악하고 부하는 선해서 그런 것일까? 아니다. '영업은 숫자다'라는 슬로건을 명확하게 목표로 기술해 놓지 않았기 때문에 생기는 일이다. 상사와 부하 사이에 '숫자'가 구체적으로 무엇을 말하는지에 대한 합의가 없었기 때문이다.

게임의 룰이 공정하기 위해서는 실력이 높은 사람이 승리할 수 있도록 만들어져야 한다. 너무나 당연한 논리인데 기업에서는 이것을 지키기가 참으로 어렵다. 실력은 나이, 직급, 근속기간의 순서가 아니다. 이것들은 존중할 사항들이지만, 그것들이 곧바로 실력과 직결되지는 않는다. 기업은 성과가 중요하다고 말하면서 '나이, 직급, 근속기간'으로 평가한다. 직원도 성과가 중요하다고 말하면서 정작 기업이 성과로 평가하면, '나이, 직급, 근속기간'이 중요하지 않느냐고 말한다. 모두 이율배반적이다.

모두 평등의 함정에 빠져 있다. 같은 '나이, 직급,
근속기간'이면 평등한 보상을 받아야 한다고 주장한다.
그래서, 평등하지 않은 성과에 따른 평등하지 않은 보상은
싫어한다.

◆ ◆ ◆

어느 스포츠 경기에서 같은 득점을 한 두 선수가 있다.
그런데, 한 선수는 나이가 많다고 가산점을 주고 다른
선수는 나이가 어리다고 감점을 한다. 그리고 한 선수는
주장이라고 가산점을 주고 다른 선수는 주장이 아니라고
감점을 한다. 이런 스포츠 경기를 상상하는 사람은 아무도
없다. 물론 기업에서 하는 성과와 보상이 스포츠 경기와
같을 수는 없다. 하지만, 경기장에서 뛰는 선수나 기업에서
일하는 직원이나 공정한 룰을 기대하는 것은 같다.
득점이든 영업 실적이든 그 결과에 대한 평가와 보상이

실력이 아닌 다른 요소에 의해서 평가받지 않는 공정한 룰을 기대하는 것이다.

구체적으로 작성된 목표합의서(Target Agreement)는 게임의 룰이다. 성공적인 혁신 기업들은 연초에 목표합의서를 작성한다. 사원에서 CEO까지 예외가 없다. 여기서의 목표는 매일 하는 업무의 나열이 아니다. 구체적인 공헌이나 구체적인 개선 항목들을 말한다. 일반 스태프 조직에 있는 직원들도 모두 측정 가능한 목표를 찾아서 기술한다. '대충 다 아는 일인데 무슨 구체적인 목표를 잡지?'라고 하면서 두리뭉실하게 넘어가지 않는다. 스포츠에서도 게임 룰을 말로만 정해 놓지는 않는다. 명확히 기술해 놓고 경기 참가자가 모두 이해할 수 있도록 만들어 놓는다. 다시 말하지만, 공정에 대한 논란은 상대방은 악하고 나는 선하기 때문이 아니다. 공정에 대한 논란이 생기는 것은 사전에 명확하게 기술되어 있는 것이 없기 때문이다. 그래서, 목표는 구체적으로 기술할수록 좋다.

이렇게 사전에 룰을 정해서 서로 서명을 해두면 연말에 가서 보상에 대한 다툼이 현저히 줄어든다. 보상에 대한 논란이 생긴다 하더라도 연초에 목표합의서를 작성할 때 생기는 것이지 연말에 성과가 결정된 다음에 논란이 생기는 것은 아니다. 이런 프로세스를 밟으면 나중에 불거질 논란을 예측할 수 있게 된다. 사전에 상사와 직원, 혹은 기업과 구성원 간에 이성적인 논의를 할 수가 있게 된다. 사전에 논의하지 않아서 사후에 다툼이 생기면 이성보다는 감정이 앞서게 된다.

성과급 논란, 보상의 논란은 앞으로도 계속될 것이다. 혁신 기업들이 속속 등장하면서 기업의 성과의 차이는 점점 벌어질 것이다. 기업의 성과의 차이가 현저히 벌어지면서 성장하는 기업이나 그렇지 못한 기업이나 모두 보상에 대한 논란은 더욱 커질 수밖에 없다.

다시 목표합의서로 돌아가보자. 이 목표합의서는 개개인이 모두 작성한다. 개개인이 모두 작성한다는 것은 개인의 다양성을 존중하는 행위이다. 개인의 다양한 직무를 정의했다는 것이고 개인의 미션과 역할일 정확하게 규정되어 있다는 것을 전제로 한다. 시키는 일만 잘한다고 높은 평가를 하지 않겠다는 것이다. 목표합의서는 개별적인 다양성 존중이 평가제도에 녹아 있는 형태이다. 이러한 프로세스가 익숙해지고 일반화될 때 건강한 성과주의 문화가 만들어진다.

개인의 탄생

개인 개인이 열심히 일하고 돈을 버는 행위들이
일어나면서 건강한 경제가 돌아간다.

"우리가 맛있는 저녁을 먹을 수 있는 이유는 양조장 주인,
제빵사가 자비심을 가지고 있기 때문이 아니라 바로 그들의
이기심 때문이다. 우리가 계속해서 맛있는 빵을 먹고자 하면
그들의 자비심이나 인류애에 호소해서는 안 된다. 대신,
그들의 이기심에 호소해야 한다. 그리고, 그들과 대화할 때는
우리가 필요한 것을 말하는 것이 아니라, 그들에게 무엇이
이익이 되는지를 이야기해야 한다."
애덤 스미스의 유명한 말이다. 그가 1776년에 출간한
국부론에 나오는 말이다. 그의 국부론은 근대 자본주의와
시장주의 철학의 출발을 알리는 책이 되었다. 그는 여기서
'인류애' 대신 '이기심'을 강조한다. 개인의 이기심들이
시장에서 작동하면서 결국에는 사회 전체의 부를
증가시킨다는 것이다. 그렇기 때문에 개인이 부자가 되려는

이기심을 막아버리는 순간 사회 전체에는 전체의 부가 사라지는 부작용이 나타난다. 이러한 작동 원리를 '보이지 않는 손'이라고 불렀다.

애덤 스미스의 이러한 설명은 입증되었다. 18세기 이후 개인과 기업의 경제활동이 자유로워지면서 개인, 기업, 국가는 급격한 경제 성장을 이룬다. 자유로운 시장 경제를 도입하지 않은 국가, 즉 보이지 않는 손이 작동하지 못하게 하는 국가는 별다른 성장을 이루지 못했고 낙후된 상태를 벗어나지 못했다.

시장 경제는 개인 주의를 전제로 한다. 내가 열심히 일을 해서 돈을 버는 것은 나를 위한 것이다. 내가 열심히 일 하는 것이 공익에 어떤 영향을 미치는지 별로 생각하지 않는다. 하지만, 개인 개인이 열심히 일하고 돈을 버는 행위들이 일어나면서 건강한 경제가 돌아간다.

기업도 자신들의 이익을 위해서 열심히 일을 한다. 세계적인 기업이 되기 위해서 연구개발을 하는 이유도 다 자신들의 이익을 위한 것이다. 인류애를 실천하기 위한 것도 아니고 사회에 공헌하기 위한 것도 아니다. 하지만, 그러한 이기적인 활동이 모여서 엄청난 공익적 효과가 나타난다. 청년은 좋은 일자리에 취직하고 소비자는 우수한 제품을 이용할 수 있게 되고 정부는 엄청난 세금을 거둬들인다.

개인과 기업의 이기적인 경제활동이 보장되어야 경제가 건강하게 순환한다. 개인과 기업의 이기적인 생각이 보이지 않는 손으로 작용해서 사회적 부가 쌓인다.

개인을 강조한다는 것은 개인의 자유를 강조한다는 의미이다. 근대화가 시작되기 이전인 중세 봉건 시대에는 개인이 없었다. 개개인의 인간은 있지만 모두 왕의 백성이고 신의 백성이었다. 이들은 왕과 신의 백성으로서 의무만 다하면 되었다. 스스로 판단하고 스스로 행동한다는 것을 생각할 수 없었다. 이러한 백성이 시민으로서 개인이 된 것은 근대에 들어선 후의 일이다. 이제야 스스로 판단하고 스스로 행동하게 된 것이다. 다만 스스로 자유롭게 행동하되 스스로 한 결과에 대한 책임도 강조되기

시작한다. 개인주의 태동이 경제적으로는 자본주의로
발전했다. 이러한 시대적 배경 위에 탄생한 것이 '보이지
않는 손' 같은 사상인 것이다.

인류는 항상 가난했다. 중간에 농업 혁명이 한 차례
있었지만, 그 만큼 인구가 또 폭발적으로 증가하면서
인류는 계속 굶주릴 수밖에 없었다. 동양과 서양을
불문하고 왕과 일부 지배층을 제외하고 대다수 백성들의
삶은 항상 피폐했다. 경제 성장이라는 것은 있어본 적이
없다. 이러한 인류가 역사상 최초로 경제성장을 이루기
시작한다. 개인과 기업이 부자가 되고 국가의 부가
기하급수적으로 축적되기 시작했다. 시장이 탄생했고
개인의 이기심을 경쟁하는 합법적인 장이 열린 것이다.
개인이 탄생하면서 다양성의 개념도 생기기 시작했다.
그전에는 왕과 신하의 백성들은 생각, 행동, 성향이 모두
같아야 했다. 왕과 신하의 백성들은 다양한 생각, 행동,
성향은 허용되지 않았다. 집단의 규율, 사상에 맞는
동질성만을 강조했다.

개인이 탄생하면서 창의성도 높아지기 시작했다. 집단을 강조하는 사회에서는 근본적으로 창의성이 가능하지 않다. 집단의 질서, 집단 생각에서의 동질감이 더 중요하기 때문이다. 개인이 탄생하면서 집단의 통제가 완화되고 개인은 스스로 행동하고 스스로 생각하는 훈련을 하게 된다. 개인의 숫자만큼 다양한 생각과 행동 방식이 나오면서 자연스럽게 창의성이 향상되기 시작한 것이다. 이러한 창의성이 개인의 이기심과 결합하면서 기업 활동이 활발해지기 시작했다.

◆ ◆ ◆

기업의 시스템도 개인을 중시하는 방향으로 설계되어야 한다. 예를 들어보자.

사장님은 항상 이런 고민을 하면서 하루를 보낸다.

"어떻게 하면 직원들이 열심히 일하게 할 수 있을까?"

"어떻게 하면 우리 회사에 성과 중심의 문화가 정착되게 할

수 있을까?" 이 문제를 해결하라는 숙제를 받은 인사팀은
아이디어 중 하나로 인센티브제도를 설계한다. 성과중심의
인센티브제를 설계하면서 고민되는 지점은 조직성과를
평가할 것인가 아니면 개인성과를 평가할 것인가이다.
여기서 많은 기업들은 조직성과 인센티브제도를 채택한다.
명분은 그럴듯하다. 조직 인센티브제도를 찬성하는
사람들은 항상 이런 말을 한다. "기업은 조직으로 움직이는
것이니 팀 성과에 대해 팀 전체에 인센티브를 주는 것이
맞다.", "팀성과에 대해 팀인센티브를 주어야 팀원들이 팀
목표를 달성하려고 노력한다." 얼핏 논리적으로 맞는 말
같다. 하지만, 이는 옳지 않다.

개인 중심 시대에는 집단 평가보다는 개인 평가가 더
효율적으로 작동한다. 획일적이고 다양성이 없는 조직은
집단 목표만 있고 개인 목표가 없다. 집단 목표만 있고
개인 목표가 없기 때문에 '나는 집단의 부속품인가?'라는
생각을 하는 것이다. 과거에는 집단에 대한 목표관리를
해도 성과가 좋게 나타났다. 지금은 개인 중심의

목표관리를 통해서 집단의 성과관리를 해야 한다. 개인 중심 사고를 하는 직원들은 무임승차를 좋아하지 않는다. 집단성과를 측정하되, 집단 성과에 공헌한 개개인의 공헌 정도를 명확히 해야 한다. 집단에 소속되어 있다는 이유로 공헌도와 상관없이 차별 없는 보상을 받은 것을 극도로 싫어한다. 개인의 차별적 보상을 하지 않고 다양성 운운하는 것은 논리 모순이다.

아카데미에 반기를 든 이단아들

이게 그림인가? 그냥 캔버스 위에 물감들
대충대충 뿌려 놓은 것에 불과하다.

최근 〈명작 스캔들〉이라는 프로그램을 유튜브로 정주행
했다. 나는 예술에 대해서는 별로 관심도 없고 아는 것도
없다. 그런데, 이 프로그램은 단순히 작품만을 소개하고
있지 않다. 고대에서부터 현대에 이르는 음악, 미술 명작에
대해 숨어 있는 스토리를 들려준다. 그래서, 전에는 몰랐던
사실들을 많이 알게 되었다. 그중에서도 특히 인상주의에
대한 이야기가 흥미롭다.

인상주의(impressionism)는 19세기 후반 프랑스에서
시작되었다. 인상주의가 태동할 즈음의 미술계 분위기는
아카데미가 주류를 이루었다. 국가가 지원하는 미술학교가
미술계를 장악했고 전시회를 독점했다. 미술학교의
영향력이 워낙 막강했기 때문에 이 학교가 추구하는

화풍을 따르지 않으면 그림을 전시회에 전시할 기회조차 갖지 못했다. 어렵게 전시를 한다 해도 많은 공격을 받기 일쑤였다.

당시 전통적인 아카데미 화풍과 다른 길을 가던 화가들이 한자리에 모였다. 이들이 처음 모이기 시작한 시기는 1860년대 초 파리에서였다. 이들은 정기적인 모임을 가졌다. 모인 사람들은 다양했다. 다양한 생각, 화풍, 집안 배경, 경제적 수준 등 모든 것이 차이가 났다. 누구는 부유한 집안의 아들이었고, 어떤 화가는 노동자 출신이었다. 성격도 달랐다. 모임에 참여한 화가들 중에는 자신감이 넘치는 사람도 있었고 말도 없고 우울해 보이는 사람도 있었다. 간혹, 이미 화가로 이름을 날리는 사람도 있었고 이제 막 화가에 입문한 사람도 있었다. 외관상 보기에 그들에게는 공통점이 없어 보였다. 공통점은 하나였다. "지금과는 좀 다르게 그리자."

당시 인상주의 화가들에게 닥친 또 다른 위기가 있었다. 사진기의 발명이었다. 당시 사용이 확대되기 시작한 사진기가 화가들의 생계를 위협하기 시작한 것이다. 보이는

것을 가장 사실에 가깝게 그리는 화가들에게 사진기술의
발달은 큰 충격이었다. 아무리 천재적인 화가라 하더라도
사진기보다 사물을 사실대로 표현할 수는 없는 일이었다.
그래서, 사람들은 이렇게 말하기도 했다.
"사진기가 있으니 화가들은 이제 모두 굶어 죽을지도 몰라."
인상파 화가들도 모두 사진기의 위력을 실감한 것이다.
그들은 위기의식을 가졌다. 그래서, 사진기가 표현해 낼 수
없는 그 무엇인가를 표현해 내야만 했다. 사진기가 아닌
인간만이 할 수 있는 일 말이다. 이런 고민을 하던 인상파
집단들은 비슷한 해결책을 찾아낸다. "보이는 사실을
그리지 말고, 느끼는 것을 그리자."
인상주의는 보이는 사실을 그리는 대신 다양한 인상을
표현한다. 인상은 실로 다양하다. 같은 사물에서 사람마다
다양한 인상을 받는다. 사람마다 변화를 포착하는 순간도
다르다. 같은 사람이라도 새벽의 느낌이 다르고 한 밤의
느낌이 다르다. 혼자 걸을 때의 마을 풍경과 애인과 함께
할 때의 마을 풍경이 다르다. 사물의 인상은 하나로 고정된
것이 아니고 빛과 함께 수시로 미묘하게 변한다.

인상파 화가들은 처음에는 소수였기 때문에 많은 욕을 먹었다. 전시회를 열기도 힘들었다. 1876년 발행한 한 잡지 기자는 전시회에 걸린 인상주의 그림에 대해 이런 기사를 쓰기도 했다.

"이게 그림인가? 그냥 캔버스 위에 물감들 대충대충 뿌려 놓은 것에 불과하다. 아무렇게 물감을 발라 놓고 자기 이름을 써넣고 작품이라고 한다."

시간이 지나면서 인상파에 대한 좋은 평가들이 이어지기 시작했다. 일단의 이단아들이 초기의 어려움을 딛고 미술계에 큰 흐름을 바꾼 것이다.

어떻게 이런 변화가 가능했을까? 두 가지 정도의 특이점을 발견할 수 있다.

첫째, 이단아들이 한두 명이 아니었다는 점이다. 혼자서 골방에서 자신의 세계에 빠져 있었다면 인상주의가 새로운 화풍으로 자리잡지 못했을 것이다. 변화를 원하는 화가들은 다양한 출신과 성향에도 불구하고 한자리에 모였다. 다양한 이단아들이 모여서 변화를 주제로 토론하고 교류했다. 점점 더 많은 사람이 다양한 시도를 선보이면서 미술계의 분위기를 바꿔 나갔다. 천재 한두 명이 할 수 있는 일이 아니었다.

둘째, 당시 사회가 급격히 변하고 있었다는 점이다. 19세기 후반이 되면서 사회는 더욱 근대화되었다. 새로운 시민 계층이 만들어지고 산업도 발전해 나갔다. 근대를 거치면서 사람들의 생각은 매우 다양해졌다. 새롭게 형성된 시민 계층은 개인의 개성을 중시했다. 개성을 중시한다는 것은 개인의 선호가 다양해진다는 것을 말한다. 오랜 전통을 거부하고 변화를 원하는 사회분위기가 있었다. 이런 분위기에 편승하면서 미술계에도 변화가 찾아온 것이다. **변화를 원하는 소수는 항상 있다.** 한두 명으로 기존의 전통을 깨기는 너무 어렵다. 변화의 동력을 만들기 위해서는 뜻을 같이하는 사람들이 모여야 한다. 기업이든 다른 조직이든 마찬가지다. 우군을 어느 정도 만들어야 한다. 그리고, 시기를 잘 선택해야 한다. 변화를 기할 시기가 항상 오는 것은 아니다. 그 시기를 놓치면 아무리 우군이 많아도 아무것도 이룰 수 없다.

전투기 조종사가
대공포를 피하는 방법

왜 전문가인 공군장교들의 의견이 틀렸을까?

미국에서 2차 세계 대전 당시에 공군 조종사가
많이 필요했다. 그래서, 전쟁 중에 많은 조종사
채용이 이루어졌다. 미국의 심리학자인 길퍼드
(J. P. Guilford)는 여러 차례 조종사 면접관으로
참여했다. 심리학자로서 다양한 심리검사를
이용하여 가장 훌륭한 조종사를 선발하는 것이
그의 임무였다. 그와 함께 퇴역 공군 조종사도
면접관으로 참여했다. 그들은 각각의 지식과
경험을 가지고 각각 면접을 진행했다. 각자의
기준으로 선발을 한 것이다.▲

▲ 장재윤, 《문화적 다양
성과 창의성》, 집문당,
2018

2차 세계대전이 끝난 이후에 길퍼드는 자신이
선발했던 조종사들의 생존 여부를 확인했다.

동시에 자신과 같은 시기에 면접관으로 참여했던 퇴역
군인이 선발한 조종사의 생존 여부도 확인했다. 그 비교
결과는 참담했다. 자신이 선발한 조종사의 생존율이
퇴역군인이 선발한 조종사의 생존율보다 훨씬 낮았기
때문이다.

왜 이런 현상이 일어났을까? 면접 당시에 후보자들에게
했던 공통적인 질문은 이것이었다. "적진에서 비행 중
적군이 대공포를 쏠 경우 어떻게 대처하겠습니까?"
길퍼드는 이 질문에 대하여 "비행 높이를 더 높여서
대공포의 사정 거리에서 멀어지겠다,"라고 대답한
후보자들을 주로 선발했다. 그 이유는 비행 교본에 그렇게
나와 있었기 때문이었다.

하지만, 다른 면접관인 퇴역군인이 높게 평가한 답은
달랐다. 퇴역 군인은 "더 높이 올라가기보다는 반대로
비행기를 하강시켜 대응하겠다."라고 답하거나 "대공포를
피해 본부로 귀환하겠다."라고 답한 후보자에게 좋은
점수를 주고 선발한 것이다. 이러한 답들은 비행 교본에

나온 표준적인 답이 아니었다.

길퍼드는 교본에 있는 답을 말한 사람을 선발했고, 퇴역 군인은 교본에는 없지만 자신의 새로운 방식을 설명한 사람을 선발한 것이다. 길퍼드의 이러한 실패 경험이 그의 심리학 연구에 영향을 미쳤다. 길퍼드는 '확산적 사고(divergent thinking)'와 '수렴적 사고(convergent thinking)'를 최초로 설명한 심리학자이다. 길퍼드는 창의적인 문제 해결을 위한 확산적 사고의 중요성을 체계적으로 연구하기에 이른다.

확산적 사고는 창의적 문제 해결과 관련이 있다. 확산적 사고를 하는 사람은 문제 해결 과정에서 정보를 다양하고 넓게 획득하고 탐색한다. 그리고 광범위한 정보를 바탕으로 상상력을 발휘하여 미리 정해 놓지 않은 다양한 해결 방안을 찾아내는 사고방식이다. 조종사 면접 과정에서 비행 교본에 없는 새로운 자신만의 답을 한 사람은 확산적 사고를 하는 사람이다.

수렴적 사고는 확산적 사고와 반대의 개념이다. 문제를

해결할 때 이미 알고 있는 표준적인 지식을 동원하여 문제를 바라본다. 이미 존재하는 지식과 정보를 활용하기 때문에 상상력과 창의성은 그렇게 중요하지 않다. 조종사 면접 과정에서 비행 교본에 있는 정답을 그대로 외워서 말하는 사람은 수렴적 사고를 하는 사람이다.

수렴적 사고는 학습 능력과 관련이 있다. 학교에서 배운 내용을 잘 외워서 시험을 잘 보는 능력은 수렴적 사고가 우수한 경우이다. IQ 검사 결과가 높게 나왔다면 이런 사람은 수렴적 사고 능력이 높은 사람이라고 할 수 있다. 하지만, 학교에서 시험을 잘 보거나 IQ가 높다고 해서 확산적 사고가 높다고 할 수는 없다. 시험 점수가 낮거나 IQ가 낮아도 즉 수렴적 사고 능력은 낮아도 확산적 사고 능력은 높을 수 있다.

수렴적 사고는 나쁘고 확산적 사고는 좋다는 말이 아니다. 다만, 창의력을 발휘해야 하는 경우에는 확산적 사고 능력이 뛰어난 사람이 훨씬 능력 발휘할 가능성이 높다.

◆ ◆ ◆

조종사와 관련한 또 다른 에피소드가 있다. 역시 2차
세계대전이 한창 중일 때의 일이다. 미국 본토의 한
공군기지에서 전투기 성능을 향상시키기 위한 연구를
하고 있었다. 경험 많은 공군 장교들이 주도적으로 연구에
참여했다. 그들의 오랜 전투와 작전 경험은 전투기 성능
향상에 분명히 중요한 아이디어를 낼 것이라고 보았기
때문이다. 전투기 연구에 공군 장교가 참여하는 것은
당연한 일이었다.

연구의 초점은 공중전에서 많은 총탄을 맞고도 살아
남는 강한 전투기를 만드는 것이었다. 그래서, 독일과의
공중전에서도 불구하고 살아 돌아온 전투기들을
살펴보기로 했다. 살아 돌아온 전투기에는 총탄을 맞은
자국이 그대로 남아 있었다. 이들은 전투기 수십 대의 총탄
자국을 하나의 전투기 그림에 표시했다. 그랬더니, 전투기의
양쪽 날개와 꼬리 부분에 가장 많은 총탄자국이 있다는
것을 알게 되었다. 이 그림을 본 공군장교들은 일치된

의견을 제시했다.

"양쪽 날개와 꼬리 부분에 총탄이 가장 맞이 맞고 있으니,
이 부분이 가장 취약하다. 총탄 자국이 많은 부분을 강철로
강화하면 전투기의 생존 가능성이 높아질 것이다."
이 때 공군장교들의 의견에 반기를 든 사람이 등장했다.
바로 수학자인 에이브라함 왈드였다. 그는 이렇게 말했다.
"양날개와 꼬리 부분에 총탄을 맞은 전투기들은 살아
돌아왔다. 그 뜻은 양날개와 꼬리에 총탄을 맞는 것이
치명적이 아니라는 말이다. 오히려 총탄 자국이 없는
엔진과 비행기 앞부분이 더 치명적일 수 있다. 그 부분들에
총탄을 맞은 전투기는 돌아오지 못했다. 그 부분에 총탄을
맞았을 때 더 치명적이었다는 것을 보여주는 것이다."
논란 끝에 왈드의 의견이 받아들여졌다. 그리고 엔진과
앞부분의 보강이 이루어졌고, 미국의 전투기 생존율은 더
올라갔다. 결과적으로 수학자가 맞고 공군장교가 틀렸던
것이다. 왜 전문가인 공군장교들의 의견이 틀렸을까?
공군 장교들은 경험들이 모두 비슷비슷했다. 그러니까,

의견도 비슷했다. 약간 다른 생각을 가지고 있어도 계급이
높은 장교가 발언을 하면 금방 그 의견에 동화되었다.
공군장교들은 집단사고의 위험에 빠질 위험이 아주 높았던
것이다. 이때 이질적인 경험의 수학자가 등장한 것이다.
수학자에 의해 다양한 논의가 가능했다. 낯선 주장과
논박이 계속되면서 완전히 새로운 해결 방법이 나온
것이다.

더빙한 영화와 원작 영화

글로벌 시대에 언어 사용을
폐쇄적으로 할 이유가 없다.

동네에 인기 장소가 생겼다. 매일 저녁 와이프와 동네
산책을 하다가 발견한 곳이다. 전에는 낡은 카센터
같은 가게가 있었는데 낡은 건물을 적당히 허물어서
리모델링하더니 실내 체육 시설로 바뀌었다. 젊은 대학생
정도의 사람들이 엄청 많이 드나든다. 밖에서 안을
들여다볼 수 있도록 개방감 있게 만들어 놓았다. 저녁
7~8시 정도에 항상 지나가는데 그 때 얼핏 보아도 50명
이상이 클라이밍을 하고 있다. 벽에 인공으로 돌을 박아
놓고 산에서 하는 운동을 실내에서 할 수 있도록 만들어
놓았다. 새로운 종류의 레저 비즈니스다.

이곳의 상호는 영어로 되어있다. '실내 클라이밍
짐(climbing gym)'이다. 만약 상호를 한글로 바꿔 '바위산
타기 체육관'이라고 하면 어떨까? 누군가 한국말을 워낙
사랑해서 상호를 이렇게 짓는다면? 아마도 어색할 것이다.

이곳의 주 고객인 20대 학생들은 이렇게 생각할지 모른다. '이름이 왜 이래? 촌스럽게.' 젊은이들은 촌스럽지 않고 세련된 곳을 찾기 때문에 촌스러운 이름을 가진 장소를 찾지 않을 것이다.

한번은 TV를 보다가 한 아나운서가 나와서 '한국말 사용 캠페인'을 몇 분간 진행하는 걸 보았다. 나는 시대착오적인 캠페인을 한다는 생각이 들었다. 아나운서는 영어식 표현 세 가지를 한국말로 친절하게 바꾸어 소개했다.

하나는 '컴필레이션 앨범(compilation album)'이다. 음악계에서 많이 사용하는 말인가 보다. 영어로 보니까 대충 무슨 표현인지 감이 왔다. 아나운서는 '컴필리션 앨범'을 '선집'으로 바꾸어 사용해야 한다고 설명했다. 또 다른 단어인 '갈라쇼(gala show)'를 '뒷풀이 공연'이라고 바꾸어 사용하자는 말도 했다. 나는 갸우뚱했다. 바꾼 표현이 더 이상했다. 마지막으로 예를 든 것은 '아트 페어(art fair)'이다. 아트페어를 '예술 전람회'라고 하는 것이 좋다고 소개한다. 굳이 '컴필리션 앨범' '갈라쇼' '아트페어'를 '선집' '뒷풀이 공연' '예술 전람회'로 바꿀 필요가 있을까?

갈라쇼와 아트페어는 나도 이미 아는 단어이다. 컴필리션 앨범이라는 말만 처음 들어보았다. 컴필리션 앨범이라는 단어가 나에게 익숙하지 않다고 해서, 선집으로 바꾸어 사용하는 것에 동의하지 않는다. 새로 배운 단어이니 오늘부터 컴필리션 앨범이라는 말을 사용하면 된다. 이미 K-POP이 글로벌화된 마당에 컴필리션 앨범 정도를 못 알아들을 사람은 없을 것 같아서다.

◆ ◆ ◆

나는 한국어를 사랑한다. '갈라쇼'라고 말하면 한국어를 사랑하지 않는 사람이고, '뒷풀이 공연'이라고 해서 나라를 사랑하는 사람은 아니다. 이런 주장을 하는 사람이 있다면 참 유치한 사고를 하는 시대착오적인 사람이다. 언어는 느낌, 현장감, 문화, 상황, 배경 같은 복합적인 것들을 포함한다. 묘한 뉘앙스라는 것도 있다. 섣불리 바꾸면

분위기가 바뀐다. 그래서, 태생의 것(origin)을 그대로
사용하는 것이 좋다고 생각한다.

요즘 외국 영화를 볼 때 더빙한 영화를 보는 사람은
거의 없다. 더빙을 하면 이해는 쉬울지 모르지만 원작의
느낌이 반감되기 때문이다. 원작은 원작대로 손을 안 보고
감상하는 것이 좋다. 그것이 요즘의 경향이다. 과거에는
더빙한 영화가 유행한 적도 있었다. 하지만, 과거의 일이다.
글로벌 시대에 언어를 폐쇄적으로 사용할 이유가 없다.
내가 다국적 기업에서 근무할 때는 모든 문서에 영어만
사용했다. 모든 이메일도 영어다. 한국 사람들끼리 사용하는
문서도 마찬가지로 영어만 사용했다. 이런 기업이 한둘이
아니다. 한국에는 세계의 거의 모든 글로벌 기업이
들어와서 비즈니스를 하고 있다. 많은 한국기업들도
글로벌화 되어 있다. 글로벌화된 기업에서 사용하는 언어는
영어 식 표현이 많을 수밖에 없다. 글로벌 하게 일하다 보면
한국말이 어색할 경우도 많다. 대부분의 비즈니스 용어들이
영어에서 출발했기 때문이다. 그래서 억지로 한국어로
번역하지 않는다. 어색하기도 하고 효율적이지도 않다.

◆ ◆ ◆

영어는 글로벌 커뮤니케이션 수단이다. 영어 없이는
글로벌한 수준으로 일할 수 없다. 영어를 사용하는 이점은
또 있다. 다양한 언어를 사용하는 사람이 더 창의적이라는
연구가 있다.

심리학자 필립 워드(Philip Ward)는 대학생들을 대상으로
실험을 했다. 실험의 목적은 기존 지식이나 생각들이
새로운 생각을 얼마나 제약하는지를 알아보기 위한
것이었다. 워드는 학생들에게 다음과 같이 질문했다.
"우주에 사는 외계 생명체의 모습을 그려보세요."
대학생들은 우주 어딘가의 문명을 상상하고 그곳에 사는
외계 생명체를 그리기 시작했다. 학생들이 그린 외계
생명체의 모습은 제각각이었지만 많은 부분에서 비슷했다.
대체로 독특한 머리 모양을 가지고 있었지만 눈은 두
개였고 다리의 개수는 두 개 또는 네 개였다. 대학생들의
상상력은 지구에서 본 생명체에서 크게 벗어나지 않았다.
심리학자 아나톨리 카르쿠린(Anatoliy Kharkhurin)이 워드와

비슷한 실험을 진행했다. 그는 실험을 통해
단일 언어 사용자와 다중 언어 사용자 간에
상상력의 차이가 있는지 확인하고자 했다.
실험대상은 영어와 이란어를 다 사용하는 이중
언어 사용자와 이란어만을 사용하는 단일 언어
사용자를 삼았다. 그리고 워드와 같이 우주에
사는 외계 생명체의 모습을 그리라고 주문했다.
어떤 실험 결과가 나왔을까? 단일 언어, 즉
이란어만 사용하는 사람의 상상력은 이중 언어
사용자의 상상력보다 떨어졌다. 단일 언어
사용자는 평이한 수준의 상상력을 보여주었다.
그들이 그린 외계 생명체의 그림은 지구상
동물들의 특징을 거의 그대로 보여주었다.
반면에 이중 언어 사용자의 그림은 달랐다.
그들이 그린 외계 생명체의 모습은 지구상
동물들의 특징을 갖지 않은 것들도 꽤 있었다.
독창성과 상상력이 좀 더 우수했던 것이다.

▲ 장재윤, 《문화적 다양
성과 창의성》, 집문당,
2018.

카르쿠린은 다중 언어 사용자가 보다 창의력이 뛰어난 이유를 "그들은 보다 더 넓은 범위의 다양한 범주적 표상을 가짐으로써, 범주 한계들을 넘어설 가능성이 더 높다."▲ 라고 설명했다.

창의적 사고를 하기 위해서는 머릿속에서 여러 다양한 속성들을 동시에 처리해야 하는데, 다중 언어 사용자는 두 개의 언어를 머릿속에서 처리하면서 이러한 '동시 처리' 능력을 발달시켰을 것이라는 것이다.

물론 일부의 연구이긴 하지만 외국어 사용 능력과 창의성과의 관계가 있다는 것은 흥미로운 발견이다. 언어만큼 문화를 반영하는 것도 없다. **언어를 배운다는 것은 한 국가와 사회의 문화를 배우는 과정을 포함한다.** 그들의 사고방식과 행동양식을 배우는 것이다. 이질적인 문화를 습득한다는 것은 다양한 경험을 하는 것과 같다. 다양성의 확대는 다양한 창의적 사고를 가능하게 해 준다.

회의실에서는 왜 침묵만 흐를까?
다양성을 인정하지 않기 때문이다.
우리는 너무 오랫동안
단합과 일사불란함을 강조했다.

시대가 변했다.

다른 경험을 나누어야 한다.

다른 생각을 나누어야 한다.

그래야,

새로운 것이 나온다.

아이디어는
대회의실에서
죽는다

초판인쇄 2024년 7월 12일
초판발행 2024년 7월 12일

글쓴이 임병권
발행인 채종준

출판총괄 박능원
책임편집 유 나
디자인 서혜선
마케팅 전예리 · 조희진 · 안영은
전자책 정담자리
국제업무 채보라

브랜드 크루
주소 경기도 파주시 회동길 230 (문발동)
투고문의 ksibook13@kstudy.com

발행처 한국학술정보(주)
출판신고 2003년 9월 25일 제406-2003-000012호
인쇄 북토리

ISBN 979-11-7217-367-8 03320

크루는 한국학술정보(주)의 자기계발, 취미, 예술 등 실용도서 출판 브랜드입니다.
크고 넓은 세상의 이로운 정보를 모아 독자와 나눈다는 의미를 담았습니다.
오늘보다 내일 한 발짝 더 나아갈 수 있도록, 삶의 원동력이 되는 책을 만들고자 합니다.